Anton Tschechow

Der Bär
Der Heiratsantrag
Die Hochzeit

Drei Einakter

Übersetzt von
Sigismund von Radecki

Philipp Reclam jun. Stuttgart

Russische Originaltitel:
Medved'
Predloženie
Svad'ba

RECLAMS UNIVERSAL-BIBLIOTHEK Nr. 4454
Alle Rechte vorbehalten
© 1959 Philipp Reclam jun. GmbH & Co., Stuttgart
Die Aufführungs- und Senderechte für Bühne, Hörfunk und Fernsehen
sowie das Recht zur Verfilmung vergibt der Drei Masken Verlag GmbH,
Heiliggeiststraße 1, 80331 München
Satz: Maschinensetzerei Walter Rost, Stuttgart
Druck und Bindung: Reclam, Ditzingen
Printed in Germany 2005
RECLAM, UNIVERSAL-BIBLIOTHEK und
RECLAMS UNIVERSAL-BIBLIOTHEK sind eingetragene Marken
der Philipp Reclam jun. GmbH & Co., Stuttgart
ISBN 3-15-004454-5

www.reclam.de

DER BÄR

Scherz in einem Akt

N. N. Solowtzow gewidmet

PERSONEN

Jeléna Iwánowna Popówa, ein Witwelein mit Grübchen auf den Wangen, Gutsbesitzerin

Grigóri Stepánowitsch Smirnóff, ein noch nicht alter Gutsbesitzer

Luká, Lakai der Popowa, ein Greis

I.

Frau Popowa (in tiefer Trauerkleidung, läßt ihren Blick nicht von einer photographischen Karte) und Luka.

L u k a. Das ist nicht gut, gnä Frau ... Sie richten sich bloß selber zugrunde ... Das Dienstmädchen und die Köchin gingen Beeren suchen, alle Kreatur freut sich, sogar die Katze, auch die begreift ihr Vergnügen und spaziert auf dem Hof, die Vöglein zu fangen, aber Sie sitzen den gänzlichen Tag im Zimmer, wie in einem Kloster, und ohne jedes Vergnügen. Ja, wirklich wahr! Das ist jetzt schon ein geschlagenes Jahr, daß Sie nicht aus dem Hause kommen! ...

P o p o w a. Und ich geh auch nie mehr hinaus ... Wozu? Mein Leben ist schon zu Ende. Er liegt im Grabe, und ich habe mich in den vier Wänden begraben ... Wir beide sind gestorben.

L u k a. Schon wieder! Grad um sich die Ohren zuzuhalten. Nikolai Iwanowitsch sind gestorben, das mußte halt so sein, das war Gottes Wille, und Gott hab ihn selig ... Sie haben getrauert — nun gut, man muß doch auch Maß halten. Man kann doch nicht in einem fort weinen und Trauer tragen. Auch bei mir ist seinerzeit meine Alte gestorben ... Na was? Ich hab geklagt, hab geweint 'nen Monat lang, und das reicht für sie; wollte man aber die ganze Zeit Klagelieder singen, so ist die Alte dessen nicht mal wert. *(Seufzt.)* Sie haben alle Nachbarn vergessen ... Sie fahren selber nicht aus und empfangen auch niemand. Wir leben, verzeihen Sie, wie die Spinnen — wir sehen nicht mehr den hellichten Tag. Die Livree ist längst von Mäusen gefressen ... Ich versteh, wenn's keine besseren Leute geben würde, aber der ganze Kreis ist doch voll von Herrschaften ... In Rybloff steht ein Regiment, also die Offiziere sind absolute Bonbons, man kann sich nicht sattsehen! Und dort im Lager ist jeden Freitag Ball, und dann spielt noch jeden Tag das Militärorchester Musik... Ach, Mutterchen — Gnä Frau! Jung sind Sie, hübsch, Milch und Blut — also warum nicht leben zu seiner Freude... Die Schönheit ist doch nicht für immer geschenkt! Zehn Jahre gehen vorüber, dann werden Sie selber an den Herren Offizieren vorübergehen wollen wie ein Pfau, ihnen Staub in die Augen zu werfen, aber dann wird's zu spät sein.

P o p o w a (*mit Entschiedenheit*). Ich bitte dich, mir nie mehr davon zu reden! Du weißt, daß das Leben für mich seit Nikolai Nikolajewitschs Tode jeglichen Wert verloren hat. Dir scheint, als ob ich lebe, aber das scheint dir bloß! Ich habe mir geschworen, diese Trauerkleidung bis zum Grabe selbst nicht abzulegen und die Welt nicht mehr zu sehen... Hörst du? Möge sein Schatten sehen, wie ich ihn liebe... Ja, ich weiß sehr wohl, und auch dir blieb es nicht verborgen, daß er oft ungerecht gegen mich war, grausam... und sogar untreu, ich aber bleibe treu bis zum Grabe und will ihm beweisen, wie ich zu lieben verstehe... Dort, jenseits des Grabes, wird er mich als dieselbe sehen, die ich vor seinem Tode war...

L u k a. Statt dieser selbigen Worte sollten Sie lieber in den Garten spazierengehen, oder den Welikan oder auch Toby anspannen lassen und zu den Nachbarn zu Besuch...

P o p o w a. Ach! (*Weint.*)

L u k a. Gnä Frau! ... Herzchen! ... Was ist mit Ihnen? Gott schütze Sie!

P o p o w a. Er hat Toby so geliebt! Er ist immer mit ihm gefahren zu Kortschagins und zu Martoffs. Wie zauberhaft er kutschierte! Wieviel Grazie war in seiner Figur, wenn er die Zügel mit aller Kraft anzog! Weißt du noch? Toby, Toby! Sag, daß man ihm heute ein Extra-Achtelchen Hafer gibt.

L u k a. Sehr wohl!

(*Schrilles Läuten.*)

P o p o w a (*zusammenfahrend*). Wer ist das? Sage, daß ich niemand empfange!

L u k a. Zu Befehl! (*Geht ab.*)

Der Bär

II.

Popowa allein.

P o p o w a *(blickt auf die Photographie).* Du wirst
sehen, Nicolas, wie ich zu lieben verstehe und zu
verzeihen ... Meine Liebe wird nur mit mir selbst
erlöschen, wenn mein armes Herz zu schlagen auf-
hört. *(Lacht unter Tränen.)* Und hast du gar keine
Gewissensbisse? Ich artiges Bravchen und treues Wei-
bel hab mich eingeschlossen und bleibe dir treu bis
zum Grabe, du aber ... machst du dir gar kein Gewissen, du Eigensinniger? Warst mir untreu, hast
Szenen gemacht, hast mich für ganze Wochen allein
gelassen ...

III.

Popowa und Luka.

L u k a *(tritt ein, aufgeregt).* Gnä Frau, dort fragt
jemand nach Ihnen. Er will Sie sehen ...
P o p o w a. Aber du hast doch gesagt, daß ich seit dem
Tode meines Mannes niemand empfange?
L u k a. Ich sagt' es, aber er will gar nichts hören, er
sagt: eine ganz dringende Sache.
P o p o w a. Ich emp-fan-ge nicht!
L u k a. Ich sagte ihm, aber er ... irgendein Wald-
teufel ... schimpft bloß und drängt direkt ins Zim-
mer ... er steht jetzt schon im Speisezimmer ...
P o p o w a *(gereizt).* Also gut, bitt ihn her ... Diese
Flegel! *(Luka geht ab.)* Wie schwer sind diese Men-
schen! Was wollen sie von mir? Warum stören sie
meine Stille? *(Seufzt.)* Nein, ich seh schon, es bleibt
wirklich nichts übrig, als ins Kloster zu gehen ...
(Sinnt nach.) Jawohl, ins Kloster ...

IV.

Popowa, Luka, Smirnoff.

S m i r n o f f *(eintretend, zu Luka).* Trottel, hast noch
viel zu reden ... Kamel! *(Erblickt die Popowa, mit
Würde.)* Meine Gnädige, ich habe die Ehre mich
vorzustellen: Artillerie-Leutnant a. D., Gutsbesitzer
Grigori Stepanowitsch Smirnoff! Ich bin gezwungen,
Sie in einer sehr wichtigen Sache zu inkommo-
dieren ...

P o p o w a *(ohne die Hand zu reichen).* Was wünschen
Sie?

S m i r n o f f. Ihr verstorbener Gatte, den ich zu kennen die Ehre hatte, ist mir auf zwei Wechsel tausend-
zweihundert Rubel schuldig geblieben. Da ich morgen
die Prozente an die Agrarbank abführen muß, so
möchte ich Sie, gnädige Frau, bitten, mir dieses Geld
heute noch zu bezahlen.

P o p o w a. Eintausendzweihundert ... Und wofür ist
mein Mann Ihnen schuldig geblieben?

S m i r n o f f. Er hat bei mir Hafer gekauft.

P o p o w a *(seufzend zu Luka).* Also vergiß nicht zu
sagen, daß man Toby ein Extra-Achtelchen Hafer
gibt. *(Luka ab. Zu Smirnoff.)* Wenn Nikolai Michailowitsch Ihnen Geld schuldig geblieben ist, so versteht es sich von selbst, daß ich das bezahle; doch
verzeihen Sie, bitte: Ich habe heute kein verfügbares
Geld. Mein Verwalter kehrt übermorgen aus der
Stadt zurück, und ich werde anordnen, daß er Ihnen
das Nötige auszahlt; doch bis dahin vermag ich
Ihren Wunsch nicht zu erfüllen ... Überdies sind es
heute gerade sieben Monate, daß mein Mann gestorben ist, und ich befinde mich gegenwärtig in
einer Stimmung, die mich am wenigsten zur Be-
schäftigung mit Geldsachen disponiert.

S m i r n o f f. Und ich befinde mich gegenwärtig in
einer solchen Stimmung, daß ich, wenn ich morgen
die Prozente nicht bezahle, beinvoran aus dem
Schornstein fliege. Man konfisziert mir mein Gut!

P o p o w a. Übermorgen erhalten Sie Ihr Geld.

Der Bär 9

S m i r n o f f. Ich benötige das Geld nicht übermorgen, sondern heute.

P o p o w a. Verzeihen Sie, aber heute kann ich Ihnen nicht bezahlen.

S m i r n o f f. Und ich kann bis übermorgen nicht warten.

P o p o w a. Was soll man denn tun, wenn ich's jetzt eben nicht habe!

S m i r n o f f. Kurzum, Sie können nicht bezahlen? . . .

P o p o w a. Ich kann nicht . . .

S m i r n o f f. Hm! . . . Ist das Ihr letztes Wort?

P o p o w a. Ja, mein letztes.

S m i r n o f f. Das letzte? Positiv?

P o p o w a. Positiv.

S m i r n o f f. Ergebensten Dank. Das wolln wir auch so notieren. *(Zuckt mit den Schultern.)* Und da will man noch, daß ich kaltblütig bin! Da begegnet mir jetzt der Akzisebeamte auf der Straße und fragt: „Warum sind Sie immer so böse, Grigori Stepanowitsch?" Aber erbarmen Sie sich, wie soll ich da nicht böse sein? Ich brauch das Geld bis zum Halsabschneiden . . . Bin gestern in aller Frühe ausgefahren, hab alle meine Schuldner abgeklappert, und wenn auch nur einer von ihnen bezahlt hätte! Hab mich abgehetzt wie ein Hund, hab übernachtet weiß der Teufel wo — in einer jüdischen Kneipe neben dem Branntweinfaß . . . Endlich komme ich hierher, ganze siebzig Werst weg vom Hause, hoffe es endlich zu bekommen, und da speist man mich ab mit „Stimmung"! Wie soll man da nicht böse werden?

P o p o w a. Ich hab's doch, glaub ich, klar gesagt: Sowie der Verwalter aus der Stadt zurückkehrt, bekommen Sie es.

S m i r n o f f. Ich bin nicht zum Verwalter gefahren, sondern zu Ihnen! Was, zum Rotzteufel, entschuldigen Sie, hab ich mit Ihrem Verwalter zu schaffen?

P o p o w a. Verzeihung, mein Herr, ich bin an solche sonderbaren Ausdrücke, an solch einen Ton nicht gewöhnt. Ich weigere mich, Sie anzuhören. *(Geht schnell fort.)*

V.

Smirnoff (allein).

Smirnoff. Hat man Worte! Stimmung... Vor sieben Monaten der Mann gestorben! Ja, muß ich denn die Prozente zahlen oder nicht? Ich frage Sie: Muß ich sie zahlen oder nicht? Also gut, Ihnen ist der Mann gestorben, Sie haben Stimmung und allerhand Hokuspokus... der Verwalter ist irgendwohin gefahren, hol ihn der Teufel, aber was soll *ich* denn machen? Von meinen Gläubigern fortfliegen auf'm Luftballon, he? Oder einen Anlauf und mit dem Kopf an die Wand bumsen? Ich fahr zu Grusdjoff — nicht zu Hause, Jaroschewitsch — hat sich versteckt, mit Kurizyn haben wir uns bis auf den Tod beschimpft, wobei ich ihn fast zum Fenster hinauswarf, Masutoff — hat Cholerine, und diese hier hat — Stimmung. Und keine Kanaille zahlt! Und alles darum, weil ich sie zu sehr verwöhnt habe, weil ich ein Waschlappen bin, eine Memme, ein Weib! Ich bin mit denen viel zu zartfühlend! Na, wartet nur! Ihr werdet mich kennenlernen! Ich laß mir nicht auf der Nase tanzen, zum Teufel! Ich bleibe und werde hier herumstehen, bis sie bezahlt! Brr!... Wie ich böse bin heute, wie böse! Mir zittern vor Wut die Knie und der Atem geht aus... Pfui, lieber Gott, mir wird sogar übel! *(Schreit:)* He, Mensch!

VI.

Smirnoff und Luka.

Luka *(tritt ein)*. Sie wünschen?

Smirnoff. Gib mir Limonade oder Wasser! *(Luka geht ab.)* Nein, ich bitte, diese Logik! Ein Mensch braucht Geld bis zum Raubmord, bis zum Aufhängen, aber sie zahlt nicht, weil sie, sehen Sie mal, zu Geldsachen nicht in Stimmung ist!... Die richtige weibliche Korsett-Logik! Eben darum hab ich es nie geliebt und liebe auch nicht, mit Frauen zu reden. Ich sitz lieber auf einer Pulvertonne, als mit einer Frau reden. Brr!... Es läuft einem wie Eis über den Rücken — so wütend hat mich diese Korsage gemacht! Ich brauch bloß von weitem ein poetisches Geschöpf zu sehen, und schon krieg ich vor Wut einen Wadenkrampf. Einfach, um nach der Polizei zu rufen.

VII.

Smirnoff und Luka.

L u k a *(tritt ein und serviert Wasser)*. Die gnä Frau sind krank und empfangen nicht.

S m i r n o f f. Marsch fort! *(Luka geht ab.)* Krank und empfangen nicht! Dann nicht, dann empfang nicht... Ich bleibe hier und werde hier so lange sitzen, bis du das Geld zurückzahlst. Und wenn du eine Woche krank bist, so sitz ich eben eine Woche hier... Bist du ein Jahr lang krank — bleib ich ein Jahr... Ich nehm schon das Meinige, mein Herzchen! Mich rührst du weder mit Trauer noch mit Grübchen auf den Wangen... Wir kennen diese Grübchen! *(Ruft zum Fenster hinaus.)* Ssemjon, ausspannen! Wir fahren nicht so bald! Ich bleibe hier! Sag dort im Stall, daß die Pferde Hafer kriegen! Wieder hat sich bei dir, du Vieh, das linke Beipferd in die Leinen verheddert! *(Äfft ihn nach.)* Maacht niix... Ich werd dir geben — maacht niix! *(Tritt vom Fenster zurück.)* Widerlich... eine unerträgliche Hitze, keiner bezahlt, die Nacht hab ich schlecht geschlafen, und jetzt noch diese Trauerschleppe mit Stimmung... Der Kopf schmerzt... Ob man einen Schnaps trinkt? Na, vielleicht — *(Er ruft.)* He, Mensch!

L u k a *(tritt ein)*. Sie wünschen?

S m i r n o f f. Bring einen Schnaps! *(Luka ab.)* Uff! *(Setzt sich und betrachtet sich.)* Ich mach da eine schöne Figur, nichts zu sagen! Ganz in Staub, schmutzige Stiefel, ungewaschen, ungekämmt, Strohhalme auf der Weste... Das Dämchen hat mich noch, kann

12 Der Bär

sein, für einen Räuber gehalten. *(Gähnt.)* Bißchen unhöflich, in solchem Aufzug im Salon zu erscheinen, na, aber es macht nichts ... ich bin hier nicht Gast, sondern Gläubiger, und für Gläubiger gibt's keine Kostüm-Vorschrift ...

L u k a *(tritt ein und kredenzt einen Schnaps).* Sie nehmen sich viel heraus, gnädiger Herr ...

S m i r n o f f *(böse).* Was?

L u k a. Ach ... ach nichts ... gewissermaßen ...

S m i r n o f f. Mit wem sprichst du?! Mund halten!

L u k a *(beiseite).* Ist dieser Teufel uns über den Kopf gekommen ... Der böse Geist hat ihn hergeweht ... *(Luka ab.)*

S m i r n o f f. Ach, wie ich wütend bin! So wütend, daß ich die ganze Welt zu Pulver zerreiben könnte ... Es wird einem sogar schlecht davon ... *(Er ruft.)* He, Mensch!

VIII.

Die Popowa und Smirnoff.

P o p o w a *(tritt ein mit gesenktem Blick).* Verehrter Herr, in meiner Einsamkeit bin ich seit langem nicht mehr gewöhnt an eine menschliche Stimme und halte Schreien nicht aus. Ich bitte Sie dringend, meine Ruhe nicht zu stören!

S m i r n o f f. Zahlen Sie das Geld, und ich fahre weg.

P o p o w a. Ich sagte Ihnen in reinem Russisch: Ich habe jetzt kein verfügbares Geld, warten Sie bis übermorgen.

S m i r n o f f. Ich hatte ebenfalls die Ehre, in reinem Russisch zu sagen: Das Geld brauch ich nicht übermorgen, sondern heute. Wenn Sie mir nicht heute bezahlen, muß ich mich morgen aufhängen.

P o p o w a. Aber was soll ich denn tun, wenn ich kein Geld habe? Wie sonderbar!

S m i r n o f f. Sie werden also jetzt nicht zahlen? Nein?

P o p o w a. Ich kann nicht ...

S m i r n o f f. In diesem Fall bleibe ich hier und werde so lange sitzen, bis ich es erhalte ... *(Setzt sich.)*

Der Bär 13

Sie zahlen übermorgen? Ausgezeichnet! Dann bleibe
ich bis übermorgen hier sitzen. Sehen Sie, so werde
ich sitzenbleiben... *(Springt auf.)* Ich frage Sie: Muß
ich morgen die Prozente bezahlen oder nicht?...
Oder glauben Sie etwa, daß ich scherze?

Popowa. Mein Herr, ich bitte Sie, nicht zu schreien!
Das ist hier kein Stall!

Smirnoff. Ich frage Sie nicht nach dem Stall, sondern danach — muß ich morgen die Prozente zahlen
oder nicht?

Popowa. Sie verstehen sich nicht in weiblicher Gesellschaft zu benehmen!

Smirnoff. Nein, ich verstehe mich sehr wohl in
weiblicher Gesellschaft zu benehmen!

Popowa. Nein doch! Sie sind ein ungezogener,
grober Mensch! Anständige Menschen sprechen nicht
so mit Frauen!

Smirnoff. Ah, das ist ja erstaunlich! Wie wünschen
Sie denn, daß man mit Ihnen redet? Auf Französisch vielleicht, wie? *(Ärgert sich und näselt.)* Madame, je vous prie... wie glücklich bin ich, daß Sie
kein Geld zahlen... Ah, pardon, daß ich Sie ge-
stört habe! Was heute für ein bezauberndes Wetter
ist! Und wie diese Trauerkleidung Ihnen steht!
(Macht einen Kratzfuß.)

Popowa. Töricht und grob.

Smirnoff *(äfft nach).* Töricht und grob! Ich verstehe mich in weiblicher Gesellschaft nicht zu benehmen! Meine Gnädige, ich habe in meiner Zeit
mehr Frauen gesehen, als Sie Sperlinge! Dreimal
hab ich mich im Duell geschossen wegen Frauen,
zwölf Frauen habe ich verlassen, neun verließen
mich! Tja-wohl! Es gab eine Zeit, da spielte ich
den Narren, raspelte Süßholz, redete Honig, sprühte
Perlen und knixte mit den Füßen... Ich liebte, litt,
seufzte auf den Mond hin, ging auf wie Hefeteig,
zerschmolz, bekam Schüttelfrost... Ich liebte leidenschaftlich, auf jegliche Manier, hol mich der Teufel,
schwatzte wie eine Elster über Frauen-Emanzipation,
habe mein halbes Vermögen auf Zartgefühl verlebt,

aber jetzt — gehorsamer Diener! Jetzt führt ihr mich nicht mehr an! Genug! Schwarze Augen, Glutaugen, rote Lippen, Grübchen auf den Wangen, Vollmond, Flüstern, scheues Atmen — für das alles gebe ich heute, meine Gnädige, auch nicht einen Kupferdreier! Ich rede nicht von den Anwesenden, aber alle Frauen, von klein bis groß, sind aufgeblasen, Heuchlerinnen, Klatschbasen, zänkisch, verlogen bis ins Mark, krämerisch, kleinlich, unbarmherzig, von unsäglicher Logik, und was das da betrifft *(tippt sich an die Stirn)*, so kann, verzeihen Sie die Offenheit, jeder Spatz einem beliebigen Philosophen im Unterrock zehn Points vorgeben! Und betrachtest du irgend so ein poetisches Geschöpf: Schleierflor, Äther, eine Halbgöttin, Millionen von Wonnen, aber blickst du in die Seele hinein, das allergewöhnlichste Krokodil! *(Greift einen Stuhlrücken, der Stuhl kracht und geht entzwei.)* Und das Empörendste: Dieses Krokodil bildet sich irgendwarum ein, daß sein Chef d'oeuvre, sein Privileg und Monopol — das zarte Gefühl sei! Also hol mich der Teufel, hängt mich dort an dem Nagel mit den Beinen auf — ist denn eine Frau irgend etwas zu lieben imstande außer Pekinesen-Hündchen? ... In der Liebe versteht sie nichts weiter als winseln, miauen und den Kopf hängenlassen! Wo ein Mann leidet und opfert, drückt sich ihre Liebe bloß darin aus, daß sie mit der Schleppe schwänzelt und uns um so fester an der Nase führt. Sie haben das Unglück, eine Frau zu sein, können also nach sich selbst die weibliche Natur beurteilen. Nun sagen Sie mir auf Ehre und Gewissen: Haben Sie je eine Frau gesehen, die aufrichtig, treu und beständig war? Nein, Sie haben sie nicht gesehen! Treu und beständig sind allein Greisinnen und Mißgeburten! Eher noch treffen Sie eine gehörnte Katze oder eine weiße Waldschnepfe, als eine beständige Frau!

P o p o w a. Erlauben Sie, wer ist denn dann Ihrer Meinung nach treu und beständig in der Liebe? Etwa der Mann?

S m i r n o f f. Tja-wohl, der Mann!

Der Bär 15

P o p o w a. Der Mann! *(Böses Lachen.)* Der Mann treu
und beständig in der Liebe! Sagen Sie, was für eine
Neuigkeit! *(Leidenschaftlich.)* Was für ein Recht
haben Sie denn, das zu behaupten? Die Männer treu
und beständig! Wenn wir schon davon reden, so
will ich Ihnen sagen, daß von allen Männern, die
ich je gekannt habe und kenne, der allerbeste mein
verstorbener Gatte war... Ich liebte ihn leidenschaftlich, mit meinem ganzen Wesen, wie nur eine
junge, denkende Frau zu lieben vermag; ich gab ihm
meine Jugend, mein Glück, mein Leben, mein Vermögen, ich atmete ihn, betete zu ihm wie eine Hei-
din, und... und was? Dieser beste aller Männer
betrog mich gewissenlos auf jedem Schritt! Nach
seinem Tode fand ich in seinem Tisch eine Schub-
lade voll von Liebesbriefen, und bei seinen Lebzeiten
ließ er mich — schrecklich zu denken! — zu ganzen
Wochen allein, machte vor meinen Augen anderen
Frauen den Hof, betrog mich, warf mit meinem
Geld herum, machte sich über meine Liebe lustig...
Und, ungeachtet alles dessen, liebte ich ihn und war
ihm treu... Mehr noch, er starb, doch ich bin ihm
immer noch treu und beständig. Ich habe mich
für ewig vergraben in diese vier Wände und werde
diese Trauerkleidung bis zum Sarge nicht ablegen...
S m i r n o f f *(verächtlich lachend).* Trauerkleidung!...
Mir unbegreiflich, für wen Sie mich halten? Als ob
ich nicht weiß, warum Sie diese schwarze Maskerade
tragen und sich in die vier Wände vergraben haben!
Gewiß doch! Das ist so geheimnisvoll, so poetisch!
Fährt am Gutshaus irgendein Leutnant oder ein wild-
gelockter Dichter vorüber, so blickt er auf die Fenster
und denkt: „Hier wohnt jene geheimnisvolle Tamara,
die sich aus Liebe zu ihrem Gatten in ihre vier Wände
vergraben hat." Wir kennen doch diesen Hokuspokus!
P o p o w a *(auffahrend).* Was? Wie wagen Sie, mir
das alles zu sagen?
S m i r n o f f. Sie haben sich lebendig begraben, aber
doch nicht vergessen, sich zu pudern.

P o p o w a. Wie unterstehen Sie sich, mit mir derart zu reden?

S m i r n o f f. Bitte, schreien Sie nicht, ich bin Ihnen kein Verwalter! Lassen Sie mich doch die Dinge beim rechten Namen nennen. Ich bin keine Frau und pflege meine Meinung direkt herauszusagen! Also, schreien Sie bitte nicht!

P o p o w a. Ich schreie nicht, *Sie* schreien! Lassen Sie mich gefälligst in Ruhe!

S m i r n o f f. Zahlen Sie, und ich fahr weg.

P o p o w a. Ich geb Ihnen nicht das Geld!

S m i r n o f f. Nein doch, Sie geben es!

P o p o w a. Also jetzt kriegen Sie extra zum Tort keine Kopeke! Nun können Sie mich gefälligst in Ruhe lassen!

S m i r n o f f. Ich habe weder das Vergnügen, Ihr Gatte noch Ihr Bräutigam zu sein, und darum machen Sie mir bitte keine Szenen. *(Setzt sich.)* Ich lieb sowas nicht.

P o p o w a *(atemlos vor Zorn).* Sie haben sich gesetzt?

S m i r n o f f. Stimmt.

P o p o w a. Ich ersuche Sie, fortzugehen!

S m i r n o f f. Zahlen Sie das Geld... *(Beiseite.)* Ach, meine Wut, meine Wut!

P o p o w a. Ich habe keine Lust, mit Flegeln zu reden! Machen Sie gefälligst, daß Sie fortkommen! *(Pause.)* Sie gehen nicht? Nein?

S m i r n o f f. Nein.

P o p o w a. Nein?

S m i r n o f f. Nein! *(Eventuell „Njet!")*

P o p o w a. Gut also! *(Klingelt.)*

IX.

Die Vorigen und Luka.

P o p o w a. Luka, führe diesen Herrn hinaus!

L u k a *(tritt zu Smirnoff heran).* Gnä Herr, wollen Sie doch weggehen, wenn man Ihnen sagt! Was soll man da noch lange ...

Der Bär

Smirnoff *(aufspringend)*. Mund halten! Mit wem wagst du zu reden? Ich mach aus dir Salat!

Luka *(greift sich ans Herz)*. Mein Gott!... Alle Nothelfer!... *(Sinkt in einen Lehnsessel.)* Ach, mir ist übel, übel! Es verschlägt mir den Atem!

Popowa. Wo ist denn Dascha? Dascha! *(Ruft.)* Dascha! Pelageja! Dascha! *(Klingelt.)*

Luka. Och! Alle sind Beeren suchen gegangen... Niemand ist im Haus... Mir ist übel! Wasser!

Popowa. Machen Sie gefälligst, daß Sie fortkommen!

Smirnoff. Würden Sie vielleicht etwas höflicher sein?

Popowa *(die Fäuste ballend und mit den Füßen stampfend)*. Sie Bauer! Ein grober Bär! Ein Walroß! Ein Monstrum!

Smirnoff. Wie? Was haben Sie gesagt?

Popowa. Daß Sie ein Bär sind, ein Monstrum!

Smirnoff *(auf sie zutretend)*. Erlauben Sie, was haben Sie für ein Recht, mich zu beleidigen

Popowa. Jawohl, ich beleidige... und was weiter? Sie glauben wohl, ich habe vor Ihnen Angst?

Smirnoff. Und Sie glauben, weil Sie ein poetisches Wesen sind, so dürfen Sie mich ungestraft beleidigen? Ja? An die Barriere!

Luka. Mein Gott!... Alle Nothelfer!... Wasser!

Smirnoff. Kugelwechsel!

Popowa. Weil Sie dicke Fäuste haben und eine Stierkehle, so glauben Sie, ich fürchte mich vor Ihnen? Ja? Ein Walroß sind Sie!

Smirnoff. An die Barriere! Ich erlaube niemand, mich zu beleidigen, und schau erst nicht lange, ob Sie eine Frau sind, ein schwaches Geschöpf!

Popowa *(versucht, zu überschreien)*. Ein Bär! Ein Bär! Ein Bär!

Smirnoff. Es ist doch wohl endlich Zeit, das Vorurteil abzutun, daß nur die Männer für Beleidigungen aufzukommen haben! Wenn schon Gleichberechtigung, dann Gleichberechtigung, hol's der Teufel! An die Barriere!

P o p o w a. Sie wollen sich schießen? Bitte schön!

S m i r n o f f. Noch diese Minute!

P o p o w a. Noch diese Minute! Mein Mann hat Pistolen hinterlassen... Ich bring sie sofort hierher... *(Geht eilig auf und ab.)* Mit welcher Wonne setze ich eine Kugel in ihre bleierne Stirn! Der Teufel hole Sie! *(Geht ab.)*

S m i r n o f f. Ich schieße sie ab wie ein Küken! Ich bin doch kein kleiner Junge mehr, kein sentimentaler Waschlappen, für mich existieren keine schwachen Geschöpfe!

L u k a. O Gott im Himmel!... *(Sinkt auf die Knie.)* Tu uns die Gnade an, hab Erbarmen mit mir altem Mann, geh von hier weg! Hast mich auf den Tod erschreckt, und jetzt willst du auch noch schießen!

S m i r n o f f *(ohne auf ihn zu achten).* Sich schießen, ja, das ist Gleichberechtigung, das ist Emanzipation! Da sind beide Geschlechter gleich! Ich knalle sie aus Prinzip ab! Aber was für eine Frau? *(Äfft nach.)* „Der Teufel hole Sie... eine Kugel in Ihre bleierne Stirn..." Die ist aber eine... Die Wangen hochrot, die Augen blitzen... Sie hat die Forderung angenommen! Mein Ehrenwort, zum ersten Mal im Leben sah ich solch eine...

L u k a. Gnä Herr, geh weg! Laß mich immer für dich beten!

S m i r n o f f. Das — ist ein Weib! Also das verstehe ich! Ein wirkliches Weib! Keine Sauerbirne, kein sentimentaler Rührei, sondern Feuer, Pulver, Rakete! Es tut sogar leid, sie umzubringen!

L u k a *(weinend).* Mein Väterchen... Mein Täubchen, geh schon weg!

S m i r n o f f. Also, sie gefällt mir positiv! Po-si-tiv! Wenn auch Grübchen auf den Wangen, aber sie gefällt mir! Ich bin sogar bereit, ihr die Schuld zu erlassen... auch die Wut ist vergangen... Eine erstaunliche Frau!

X.

Die Vorigen und Popowa.

P o p o w a *(kommt mit den Pistolen).* Da sind sie, die Pistolen... Doch bevor wir uns schießen, zeigen Sie mir bitte, wie man das macht... Ich hab noch nie eine Pistole in der Hand gehabt.

L u k a. Gott schütz und sei gnädig... Ich geh, den Gärtner und den Kutscher suchen... Von wo ist nur solch ein Unglück uns über den Kopf gekommen... *(Geht ab.)*

S m i r n o f f *(die Pistolen betrachtend).* Sehen Sie, es gibt verschiedene Systeme von Handfeuerwaffen... Es gibt die speziellen Duellpistolen von Mortimer, mit Zündhütchen. Doch das hier bei Ihnen sind Revolver von Smith & Wesson, von dreifacher Aktion mit Extraktor und Zentralfeuer... Herrliche Schußwaffen! Die kosten mindestens neunzig Rubel pro Stück... Man muß den Revolver *so* halten... *(Beiseite.)* Die Augen, die Augen! Eine brandstiftende Frau!

P o p o w a. So?

S m i r n o f f. Ja, so... Sodann spannen Sie den Hahn... Zielen solchermaßen... den Kopf ein wenig zurück! Strecken Sie den Arm richtig aus... Sehen Sie, so... Dann drücken Sie mit diesem Finger auf dieses Stückchen hier — und weiter nichts... Die Hauptregel: keine Aufregung und ganz langsam zielen... Vor allem darf die Hand nicht zittern.

P o p o w a. Schön... Hier im Zimmer geht das Schießen nicht gut, gehn wir in den Garten.

S m i r n o f f. Gehen wir. Doch ich sag Ihnen gleich: Ich schieße in die Luft.

P o p o w a. Das hat noch gefehlt! Warum?

S m i r n o f f. Darum, weil... darum, weil... Das ist meine Sache, warum!

P o p o w a. Sie haben Angst bekommen? Ja? A-ha-ha-ha! Nein, mein Herr, keine Ausflüchte! Folgen Sie gefälligst mir nach! Ich werde nicht ruhen, ehe ich

Ihre Stirn nicht durchgeschlagen habe... eben diese Stirn, die ich so hasse! Angst also?

S m i r n o f f. Jawohl, Angst.

P o p o w a. Sie lügen! Warum wollen Sie sich nicht schießen?

S m i r n o f f. Darum, weil... darum, weil Sie... mir gefallen.

P o p o w a *(nach bösem Lachen)*. Ich gefalle ihm! Er wagt zu sagen, daß ich ihm gefalle! *(Weist auf die Tür.)* Ich bitte!

S m i r n o f f *(legt schweigend den Revolver hin, nimmt seine Mütze und geht; in der Nähe der Tür bleibt er stehen, eine halbe Minute lang blicken sich beide schweigend an; darauf spricht er, während er sich unschlüssig der Popowa nähert)*. Hören Sie... Sind Sie immer noch böse?... Ich bin ebenfalls teuflisch wütend, aber, verstehen Sie... wie soll ich mich da ausdrücken... Die Sache ist die, daß, sehn Sie mal, so 'ne besondere Geschichte, ich meine gewissermaßen... *(Schreit.)* Also bin ich denn daran schuld, daß Sie mir gefallen? *(Greift nach einer Stuhllehne, der Stuhl kracht und geht entzwei.)* Weiß der Teufel, was Sie für zerbrechliche Möbel haben! Sie gefallen mir! Verstehen Sie? Ich... ich bin fast verliebt!

P o p o w a. Gehn Sie fort von mir — ich hasse Sie!

S m i r n o f f. Mein Gott, was für eine Frau! Noch nie im Leben hab ich etwas Ähnliches gesehen! Ich bin verloren! Bin hin! Ich sitz wie 'ne Maus in der Falle!

P o p o w a. Fort von mir, sonst schieße ich!

S m i r n o f f. Schießen Sie! Sie können nicht verstehen, was das für ein Glück ist: zu sterben unter den Blicken dieser wundervollen Augen, zu sterben von einem Revolver, den dieses kleine Sammethändchen hält... Ich bin wahnsinnig geworden! Überlegen Sie, und entschließen Sie sich sofort, denn wenn ich von hier weggehe, dann sehen wir uns nie mehr wieder! Entscheiden Sie... Ich bin von Adel, ein anständiger Mensch, habe zehntausend Rubel im

Der Bär 21

Jahr... treffe mit der Kugel eine hochgeworfene Münze... besitze vorzügliche Pferde... Wollen Sie meine Frau werden?

P o p o w a *(empört, schüttelt den Revolver)*. Wir schießen uns! An die Barriere!

S m i r n o f f. Ich bin total wahnsinnig... Ich versteh nicht das geringste... *(Ruft.)* He, Mensch, ein Glas Wasser!

P o p o w a *(schreit)*. An die Barriere!

S m i r n o f f. Ich bin wahnsinnig geworden, hab mich verliebt wie ein Bengel, wie ein Trottel! *(Ergreift ihre Hand, sie schreit auf vor Schmerz.)* Ich liebe Sie! *(Sinkt auf die Knie.)* Ich liebe, wie ich noch nie geliebt habe! Zwölf Frauen hab ich verlassen, neun verließen mich, aber nicht eine von ihnen hab ich so geliebt wie Sie... Hab mich vergafft, vernarrt, verknallt, verschossen... liege auf den Knien wie ein Schafskopf und biete meine Hand dar... Schimpf und Schande! Fünf Jahre hab ich mich nicht verliebt, gab mir das Versprechen, und bin plötzlich hineingerasselt wie eine Deichsel in die fremde Kutsche! Ich trage Ihnen meine Hand an. Ja oder nein? Sie wollen nicht? Dann nicht! *(Steht auf und geht schnell zur Tür.)*

P o p o w a. Warten Sie...

S m i r n o f f *(bleibt stehen)*. Wie bitte?

P o p o w a. Nichts, gehen Sie... Übrigens, warten Sie... Nein, gehen Sie, gehen Sie! Ich hasse Sie! Oder nein... gehen Sie nicht! Ach, wenn Sie wüßten, wie böse, wie böse ich bin! *(Wirft den Revolver auf den Tisch.)* Die Finger sind einem eingeschlafen von dieser Widerlichkeit... *(Reißt vor Ärger an ihrem Taschentuch.)* Was stehen Sie denn da? Packen Sie sich!

S m i r n o f f. Leben Sie wohl.

P o p o w a. Ja, ja, gehen Sie! *(Ruft.)* Wohin denn? Warten Sie... Übrigens, gehen Sie. Ach, wie ich böse bin! Nicht näherkommen, nicht näherkommen!

S m i r n o f f *(tritt zu ihr heran)*. Was ich auf mich wütend bin! Hab mich verliebt wie ein Gymnasiast, hab auf den Knien gelegen... Das läuft sogar wie Eis über den Rücken... *(Grob.)* Ich liebe Sie! Das hat mir noch gerade gefehlt! Morgen sind die Prozente zu zahlen, die Heuernte hat begonnen, und da kommen Sie... *(Nimmt sie um die Taille.)* Das werd ich mir nie verzeihen...

P o p o w a. Gehn Sie weg! Fort mit der Hand! Ich... hasse Sie! An die Ba-Barriere! *(Ein langdauernder Kuß.)*

XI.

Die vorigen, Luka mit einer Axt, der Gärtner mit einer Harke, der Kutscher mit einer Mistgabel und Knechte mit Holzknüppeln.

L u k a *(erblickt das sich küssende Paar).* Allmächtiger Gott!

(Pause.)

P o p o w a *(die Augen niederschlagend).* Luka, sage dort im Stall, daß man heute Toby keinen Hafer gibt.

Vorhang

DER HEIRATSANTRAG

PERSONEN

Stepán Stepánowitsch Tschubuków, Gutsbesitzer

Natalia Stepánowna, seine Tochter, 25jährig

Iwán Wassíljewitsch Lómow, Tschubukows Nachbar, ein
  gesunder, wohlgenährter, doch sehr hypochondrischer
  Gutsbesitzer

Die Handlung spielt im Salon von Tschubukows
Gutshause.

I.

Tschubukow und Lomow (dieser in Frack und weißen Handschuhen).

Tschubukow *(geht ihm entgegen).* Mein Herzchen, wen sehe ich! Iwan Wassiljewitsch! Sehr erfreut! *(Drückt ihm die Hand.)* Also wirklich eine Überraschung, Muttchen... Wie geht's?

Lomow. Besten Dank. Und Ihnen?

Tschubukow. Wir leben so vor uns hin, mein Engel, dank Ihren Stoßgebeten undsoweiter undsoweiter. Setzen Sie sich, ich bitte ergebenst... Das sag ich ja, es ist gar nicht gut, seine Nachbarn zu vergessen, mein Herzchen. Aber, mein Täubchen, warum sind Sie denn so offiziell gekleidet? In Frack, in Handschuhen undsoweiter. Oder reisen Sie irgendwohin, mein Teuerster?

Lomow. Nein, ich bin lediglich zu Ihnen, verehrtester Stepan Stepanytsch.

Tschubukow. Ja warum dann im Frack, mein Goldfasan? Grad' wie zu einer Neujahrsvisite!

Lomow. Sehen Sie, die Sache ist die. *(Nimmt ihn unterm Arm.)* Ich bin zu Ihnen gefahren, verehrter Stepan Stepanytsch, um Sie mit einer Bitte zu belästigen. 's ist nicht das erste Mal, daß ich die Ehre habe, Sie um Beistand anzugehen, und Sie haben stets, gewissermaßen... doch Verzeihung, ich bin so aufgeregt. Ich werd etwas Wasser trinken, verehrter Stepan Stepanytsch. *(Trinkt Wasser.)*

Tschubukow *(beiseite).* Er ist gekommen, um Geld zu bitten! Ich *geb* nicht! *(Zu Lomow.)* Worum handelt sich's, mein Engel?

Lomow. Sehen Sie, Verehr Stepanytsch... pardon, Stepan Verehrowitsch... das heißt, ich bin furchtbar aufgeregt, wie Sie zu sehen belieben... Mit einem Wort, Sie allein können mir helfen, obgleich ich, natürlich, es durch nichts verdient habe und... und

26 Der Heiratsantrag

gar kein Recht habe, auf Ihre Hilfe zu rechnen...

Tschubukow. Ach, schmieren Sie's nicht so auseinander, Muttchen! Sagen Sie's direkt!! Nun?

Lomow. Sofort... Diese Sekunde. Also ich bin gekommen, um die Hand Ihrer Tochter Natalia zu bitten.

Tschubukow *(freudig.)* Muttchen! Iwan Wassiljewitsch! Wiederholen Sie noch einmal — ich hab nicht gut gehört!

Lomow. Ich habe die Ehre, Sie um...

Tschubukow *(unterbrechend).* Mein Täubchen... Ich bin entzückt undsoweiter undsoweiter... Eben gerade und dergleichen mehr. *(Umarmt und küßt ihn.)* Hab es längst gewünscht. Das war ja mein ständiger Wunsch. *(Läßt eine Träne fließen.)* Und ich hab Sie immer geliebt, mein Engel, wie einen eigenen Sohn. Gott gebe Euch beiden Eintracht und Liebe undsoweiter, ich hab es innigst gewünscht... Ja, was steh ich da wie ein Klotz? Ich bin verdattert vor Freude, vollkommen verdattert! Ach, von ganzer Seele... Ich geh, ich ruf Natascha und dergleichen mehr.

Lomow *(gerührt).* Verehrten Stepan Stepanytsch, wie denken Sie, könnte ich mit der Zustimmung Ihrer Tochter rechnen?

Tschubukow. So ein schöner Mann, eben gerade — und... und plötzlich wird die *nicht* zustimmen! Keine Angst, die ist doch verliebt wie eine Katze undsoweiter undsoweiter... Sofort! *(Geht ab.)*

II.

Lomow (allein).

Lomow. Es ist kalt... Ich zittere wie vor'm Examen. Hauptsache — man muß sich entschließen. Wenn man lange denkt, schwankt, redet und aufs Ideal wartet oder die wirkliche Liebe, auf die Art heiratest du nie... Brr!... Kalt! Natalia Stepanowna ist eine vorzügliche Hausfrau, nicht häßlich,

gebildet... was brauch ich denn noch? Also jetzt
fängt bei mir vor Aufregung schon Lärm in den
Ohren an. *(Trinkt Wasser.)* Und *nicht* heiraten darf
ich nicht... Erstens bin ich schon fünfunddreißig
Jahre alt — gewissermaßen ein kritisches Alter.
Zweitens brauch ich ein normales, geregeltes Leben...
Ich bin herzleidend, habe ständig Herzklopfen, bin
aufbrausend und gleich schrecklich aufgeregt... Zum
Beispiel jetzt eben zittern mir die Lippen, und es
zuckt auf der rechten Wange... Aber das furcht-
barste bei mir — das ist der Schlaf. Sowie ich mich
ins Bett lege und schon zu schläfern anfange, so geht
es bei mir auf der linken Seite plötzlich — Ruck-
Zuck! und schlägt auf die Schulter und auf den
Kopf... Ich spring auf wie ein Besessener, geh auf
und ab, leg mich wieder, aber sowie ich zu schläfern
anfange, geht es wieder — Ruck-Zuck! Und so gute
zwanzig Mal...

III.

Natalia Stepanowna und Lomow.

N a t a l i a *(tritt ein).* Das ist doch! *Sie* sind es, aber
Papa sagt: Geh, dort wartet der Kaufmann auf die
Ware. Guten Tag, Iwan Wassiljewitsch!
L o m o w. Guten Tag, verehrte Natalia Stepanowna!
N a t a l i a. Verzeihen Sie, ich bin in Schürze und
Negligé... Wir enthülsen Erbsen für die Trocken-
kammer. Warum sind Sie bei uns so lange nicht ge-
wesen? Setzen Sie sich... *(Beide setzen sich.)* Wollen
Sie frühstücken?
L o m o w. Nein, danke, ich habe schon gefrühstückt.
N a t a l i a. Wollen Sie rauchen... Hier sind Streich-
hölzer... Großartiges Wetter, aber gestern war solch
ein Regen, daß die Arbeiter den ganzen Tag nichts
getan haben. Wieviel Schober Heu haben Sie gemäht?
Ich, stellen Sie sich vor, bin zu gierig gewesen, ließ
die ganze Wiese abmähen, und jetzt bin ich selber
nicht froh: Hab Angst, daß mein Heu faulen
wird. Es wäre besser gewesen, abzuwarten. Aber

was ist denn das? Sie sind, glaub ich, im Frack! Das
ist 'ne Überraschung! Fahren Sie auf einen Ball, oder
wie? Sie sind übrigens hübscher geworden... Also
wirklich, warum haben Sie sich so herausgeputzt?

L o m o w *(beginnt sich aufzuregen)*. Sehen Sie, verehrte Natalia Stepanowna... Die Sache ist die: Ich
habe mich entschlossen, Sie zu bitten, daß Sie mich
anhören... Sie werden natürlich erstaunt und sogar
erzürnt sein, aber ich... *(Beiseite.)* Entsetzlich kalt!

N a t a l i a. Worum handelt es sich? *(Pause.)* Nun?

L o m o w. Ich will mich kurz fassen. Sie wissen, verehrte Natalia Stepanowna, daß ich längst, schon von
Kindheit an, die Ehre habe, Ihre Familie zu kennen.
Meine verstorbene Tante und deren Gatte, von denen
ich, wie Sie wissen, das Gut geerbt habe, empfanden
stets größte Hochachtung für Ihren Herrn Vater und
Ihre selige Mutter. Das Geschlecht der Lomows und
das Geschlecht der Tschubukows standen stets in den
freundschaftlichsten Beziehungen. Und überdies be-
rührt sich mein Landbesitz, wie Sie wissen, unmittelbar mit dem Ihren. Wenn Sie sich zu erinnern belieben, grenzt meine Bullenwiese unmittelbar an
Ihren Birkenbruch.

N a t a l i a. Verzeihung, daß ich unterbreche. Sie sagen
„*meine* Bullenwiese"... Ja, gehört sie denn Ihnen?

L o m o w. Mir, bitte...

N a t a l i a. Sieh mal an! Die Bullenwiese gehört uns,
aber nicht Ihnen!

L o m o w. Nein, bitte, mir, verehrte Natalia Stepanowna.

N a t a l i a. Das ist mir ganz neu. Woher gehört sie
denn Ihnen?

L o m o w. Wieso „woher"? Ich spreche von der Bullenwiese, welche als Keil gelegen ist zwischen Ihrem
Birkenbruch und dem Brandersumpf.

N a t a l i a. Ja, ja, die meine ich... Sie gehört uns...

L o m o w. Nein, da irren Sie sich, verehrte Natalia
Stepanowna — sie gehört mir.

N a t a l i a. Besinnen Sie sich doch, Iwan Wassiljewitsch! Seit wann soll sie Ihnen gehören?

Der Heiratsantrag 29

L o m o w. Was heißt, seit wann? Seit ich überhaupt denken kann, hat sie immer uns gehört.

N a t a l i a. Na, hören Sie mal, da müssen Sie schon entschuldigen!

L o m o w. Das geht aus den Papieren hervor, verehrte Natalia Stepanowna. Die Bullenwiese war vor Zeiten ein strittiger Besitz — das stimmt; jetzt aber weiß jeder, daß sie mir gehört. Da gibt's nichts zu bestreiten. Schauen Sie, die Großmutter meiner Tante übergab diese Wiese zur unbefristeten und unentgeltlichen Nutzung den Bauern des Großvaters Ihres Vaters dafür, daß die für sie Ziegel brannten. Die Bauern des Großvaters Ihres Vaters benützten diese Wiese vierzig Jahre lang unentgeltlich und hatten sich daran gewöhnt, sie gewissermaßen als ihre eigene zu betrachten. Dann aber, als die große Verordnung herauskam...

N a t a l i a. 's ist gar nicht so, wie Sie erzählen! Mein Großvater und Urgroßvater haben stets dafür gehalten, daß ihr eigener Landbesitz direkt an den Brandersumpf grenzt — das heißt, daß die Bullenwiese uns gehörte. Was gibt es da zu streiten? — Ich versteh nicht. Das ist sogar ärgerlich!

L o m o w. Ich werde Ihnen die Papiere zeigen, Natalia Stepanowna !

N a t a l i a. Nein, also Sie scherzen bloß oder wollen mich necken... Das ist eine Überraschung! Wir besitzen ein Stück Land fast dreihundert Jahre lang, und plötzlich erklärt man uns, daß dieses Land nicht uns gehört! Verzeihung, Iwan Wassiljewitsch, aber ich traue meinen Ohren nicht... Es geht mir nicht um die Wiese. Das sind bloß paar hundert Quadratmeter, und sie kostet irgendwelche dreihundert Rubel, aber mich empört die Ungerechtigkeit. Sagen Sie, was Sie wollen, aber Ungerechtigkeit ertrage ich nicht.

L o m o w. Hören Sie mich an, ich beschwöre Sie! Die Bauern des Großvaters Ihres Vaters, wie ich schon die Ehre hatte Ihnen zu sagen, haben für die Großmutter meiner Tante Ziegel gebrannt. Die Großmutter meiner Tante hat, um ihnen etwas Angenehmes zu erweisen ...

N a t a l i a. Großvater, Großmutter, Tante ... also ich versteh nicht das geringste! Die Bullenwiese gehört *uns*, voilà tout.

L o m o w. *Mir*, bitte!

N a t a l i a. Uns! Und wenn Sie's drei Tage lang beweisen, und noch dazu zehn Fräcke anziehn, aber sie gehört uns, uns, uns! ... Ich will nichts von Ihnen, aber ich will auch nicht das Meine verlieren ... Ich bitte schön!

L o m o w. Ich brauch die Bullenwiese nicht, Natalia Stepanowna, mir geht es ums Prinzip. Wenn Sie wollen, also *bitte* schön, ich schenke sie Ihnen.

N a t a l i a. Ich kann sie Ihnen selber schenken, da sie mir gehört ... Das alles ist zum mindesten seltsam, Iwan Wassiljewitsch! Wir haben Sie bis jetzt für einen guten Nachbarn gehalten, für einen Freund, haben Ihnen voriges Jahr unsere Dreschmaschine geliehen, so daß wir selber erst im November ausdreschen konnten, und Sie verfahren mit uns wie mit Zigeunern. Sie schenken mir mein eigenes Land. Verzeihung, aber das ist nicht nachbarlich gehandelt! Nach meiner Meinung ist das sogar eine Dreistigkeit, wenn Sie wollen ...

L o m o w. Nach Ihnen kommt's also so heraus, daß ich ein Usurpator bin? Meine Gnädigste, nie hab ich mir fremde Güter gewaltsam angeeignet und erlaube niemand, mich dessen zu beschuldigen ... *(Geht schnell zur Karaffe und trinkt Wasser.)* Die Bullenwiese gehört mir!

N a t a l i a. 's ist nicht wahr, uns!

L o m o w. *Mir!*

N a t a l i a. Ist nicht wahr! Ich werd's Ihnen beweisen. Heute noch schick ich unsere Heumäher auf diese Wiese!

L o m o w. Wie bitte?

N a t a l i a. Heute noch sind dort meine Mäher!

L o m o w. Und ich geb ihnen Keile!

N a t a l i a. Wagen Sie's nur!

Der Heiratsantrag 31

L o m o w *(greift sich ans Herz)*. Die Bullenwiese gehört
mir! Verstehen Sie? Mir!

N a t a l i a. Bitte schreien Sie nicht! Bei sich zu Hause
mögen Sie schreien und vor Wut röcheln, aber hier
bitte ich, sich in Grenzen zu halten.

L o m o w. Glauben Sie mir, meine Dame, wäre nicht
dieses schreckliche, quälende Herzklopfen, nicht dieses
Hämmern in den Schläfen, so würde ich mit Ihnen
anders reden. *(Schreit.)* Die Bullenwiese gehört mir!

N a t a l i a. Uns.

L o m o w. Mir!

N a t a l i a. Uns.

L o m o w. Mir!

IV.

Die Vorigen und Tschubukow.

T s c h u b u k o w *(eintretend)*. Was ist da? Worüber
schreien Sie?

N a t a l i a. Papa, erkläre doch bitte diesem Herrn,
wem die Bullenwiese gehört: uns oder ihm?

T s c h u b u k o w *(zu Lomow)*. Mein Katzchen, die
Bullenwiese gehört uns!

L o m o w. Erbarmen Sie sich, Stepan Stepanytsch, woher gehört sie Ihnen? Seien wenigstens *Sie* ein ver-
nünftiger Mensch! Die Großmutter meiner Tante
übergab diese Wiese den Bauern Ihres Großvaters
zur zeitweiligen, unentgeltlichen Nutzung. Die Bauern
benutzten das Land vierzig Jahre lang und gewöhn-
ten sich daran, wie an ein Eigentum; dann aber, als
die große Verordnung herauskam...

T s c h u b u k o w. Erlauben Sie, Teuerster... Sie vergessen, daß die Bauern Ihrer Großmutter eben gerade
nicht gezahlt haben und dergleichen mehr, deshalb
weil die Wiese damals streitig war undsoweiter...
Aber jetzt weiß doch jeder Hund, eben gerade, daß
sie uns gehört. Da haben Sie also den Plan nicht
gesehen!

L o m o w. Und ich werd Ihnen beweisen, daß sie mir
gehört!

Tschubukow. Sie *werden's* nicht beweisen, mein Engel.

Lomow. Nein, ich werde!

Tschubukow. Mein Muttchen, wozu so schreien? Mit Schreien werden Sie, eben gerade, gar nichts beweisen. Ich will nicht das Ihre, will mir aber auch das Meine nicht entgehen lassen. Woher denn? Wenn's schon so sein soll, mein Goldfasan, und Sie die Wiese streitigmachen wollen undsoweiter, dann schenk ich sie doch lieber den Bauern als Ihnen. So ist das!

Lomow. Ich versteh nicht! Was für ein Recht haben Sie denn, fremdes Eigentum zu verschenken?

Tschubukow. Das überlassen Sie dann schon *mir*, zu wissen, ob ich ein Recht hab oder nicht. Junger Mann, ich bin, eben gerade, nicht gewöhnt, daß man mit mir in solch einem Ton redet undsoweiter. Ich bin, junger Mann, zweimal älter als Sie und bitte, mit mir ohne Gemütsaffekt zu reden und dergleichen mehr.

Lomow. Nein, also Sie halten mich einfach für einen Dummkopf und lachen über mich! *Mein* Land nennen Sie das *Ihre* und verlangen noch, daß ich kaltblütig bleibe und mit Ihnen menschlich rede! Gute Nachbarn handeln nicht so, Stepan Stepanytsch! Sie sind kein Nachbar, sondern ein Usurpator!

Tschubukow. Wie bitte? Was haben Sie gesagt?

Natalia. Papa, schick sofort Mäher auf die Bullenwiese!

Tschubukow *(zu Lomow).* Was haben Sie gesagt, verehrter Herr?

Natalia. Die Bullenwiese gehört uns, und ich geb, ich geb, ich geb nicht nach!

Lomow. Das werden wir sehen! Ich werde Ihnen gerichtlich beweisen, daß sie mir gehört.

Tschubukow. Gerichtlich? Sie können ruhig bei Gericht klagen, verehrter Herr, und dergleichen mehr! Ruhig! Ich kenne Sie, Sie warten, eben gerade, nur auf die Gelegenheit, um zu prozessieren undsoweiter... Ein Streithammel! Ihre ganze Familie war von je prozeßsüchtig! Die ganze!

Der Heiratsantrag

Lomow. Ich bitte, meine Familie nicht zu beleidigen! Im Geschlecht der Lomows waren alle ehrenhaft, und es gab keinen, der unter Anklage wegen Unterschlagung gestanden hat wie Ihr Onkel!

Tschubukow. Und in Ihrer Lomowschen Familie waren alle verrückt!

Natalia. Alle, alle, alle!

Tschubukow. Ihr Großvater war Quartalssäufer und die jüngere Tante, eben gerade Nastassja Michailowna, ist mit 'nem Architekten durchgebrannt undsoweiter undsoweiter.

Lomow. Und Ihre Mama war schief gewachsen. *(Greift sich ans Herz.)* Ah, es zuckt in der Seite ... Ein Hämmern im Kopf ... Mein Gott! ... Wasser! ...

Tschubukow. Aber Ihr Vater war eine Jeuratte und verfressen.

Natalia. Und die Tante — eine Tratschen, wie es wenige gibt!

Lomow. Das linke Bein ist ohne Gefühl ... Und Sie sind ein Intrigant ... Ach, mein Herz! ... Das ist doch für niemand ein Geheimnis, daß Sie vor den Wahlen unter ... Funken im Auge ... Wo ist mein Hut?

Natalia. Wie niedrig! Wie gemein! Wie ekelhaft!

Tschubukow. Und Sie selber sind, eben gerade, ein tückischer, doppelzüngiger und intriganter Mensch! Tjawohl!

Lomow. Da ist er, der Hut ... Das Herz ... Wo geht es hinaus? Wo ist die Tür? Ach! ... Ich sterbe, glaub ich ... Der Fuß schleift nach ... *(Geht zur Tür.)*

Tschubukow *(ihm nachrufend)*. Und daß auch Ihr Fuß nie mehr mein Haus betritt!

Natalia. Reichen Sie doch die Klage ein! Wir werden ja sehen!

(Lomow geht wankend ab.)

V.

Tschubukow und Natalia Stepanowna.

Tschubukow. Zum Teufel! *(Geht erregt auf und ab.)*

Natalia. So ein Kerl! Jetzt soll man noch danach guten Nachbarn glauben!

Tschubukow. Ein Ekel! Ein befracktes Scheusal!

Natalia. Diese Mißgeburt! Hat sich fremdes Land angeeignet und wagt noch zu schimpfen.

Tschubukow. Und dieses Waldgespenst, diese, eben gerade, verkörperte Hühnerblindheit, besitzt noch die Frechheit, einen Antrag zu machen, undsoweiter undsoweiter! He? Einen Antrag!

Natalia. Was für einen Antrag?

Tschubukow. Natürlich! Er ist doch hierher gefahren, um dir einen Heiratsantrag zu machen.

Natalia. Einen Antrag? Mir? Warum hast du mir das nicht früher gesagt?

Tschubukow. Und hat sich noch deswegen in den Frack geworfen! So ein Würstchen! So eine Morchel!

Natalia. Mir? Einen Antrag? Ach! *(Sinkt schluchzend in den Lehnsessel.)* Holt ihn zurück! Zurückholen! Ach! Zurückholen!

Tschubukow. Wen zurückholen?

Natalia. Schneller, schneller! Mir wird schlecht! Zurückholen! *(Hysterischer Anfall.)*

Tschubukow. Was ist da? Was ist mit dir? *(Greift sich an den Kopf.)* Ich bin ein unglücklicher Mensch! Ich erschieße mich! Ich häng mich auf! Sie martern einen zu Tode!

Natalia. Ich sterbe! Zurückholen!

Tschubukow. Tfu! Sofort. Heul nicht! *(Eilt fort.)*

Natalia *(allein, stöhnt).* Was haben wir angerichtet: Zurückholen! Zurückholen!

Tschubukow *(läuft herein).* Er kommt gleich und soweiter undsoweiter, hol ihn der Teufel! Uff! Sprich mit ihm selbst, denn ich hab, eben gerade keine Lust . . .

Der Heiratsantrag 35

Natalia *(stöhnt)*. Zurückholen!

Tschubukow *(schreit)*. Er kommt, man *sagt* dir.
Ahh! *(Zitiert.)* „'ne schöne Kommission, mein
Schöpfer, / der Vater einer Tochter sein!" Besonders
wenn sie erwachsen ist... Ich schneid mir die
Kehle durch! Unbedingt die Kehle durch! Da hat man
den Menschen beschimpft, begeifert, hinausgeworfen,
und alles immer du... du!

Natalia. Nein, du!

Tschubukow. Ja, ich bin schuld, eben gerade!
(In der Tür zeigt sich Lomow.) Nun sprich mit ihm
allein! *(Geht ab.)*

VI.

Natalia Stepanowna und Lomow.

Lomow *(tritt ein, erschöpft)*. Furchtbares Herzklopfen... Das Bein eingeschlafen... In der Seite
zuckt es...

Natalia. Verzeihung, wir waren zu heftig, Iwan
Wassiljewitsch... Ich erinnere mich jetzt: Die Bullenwiese gehört wirklich Ihnen.

Lomow. Entsetzlich, wie das Herz klopft... Die
Wiese gehört mir... In beiden Augen Aderzucken...

Natalia. Die Wiese gehört Ihnen, Ihnen... Setzen
Sie sich... *(Sie setzen sich.)* Wir hatten Unrecht.

Lomow. Bloß aus Prinzip... Nicht das Land ist mir
wichtig, aber das Prinzip...

Natalia. Eben gerade das Prinzip... Wollen wir
von etwas anderem sprechen.

Lomow. Um so mehr, als ich Beweise habe. Die
Großmutter meiner Tante übergab den Bauern des
Großvaters Ihres Vaters...

Natalia. Schon gut, schon gut, lassen wir das.
(Beiseite.) Ich weiß nicht, womit anfangen... *(Zu
Lomow.)* Machen Sie sich bald auf die Jagd?

Lomow. Auf Birkhühner denke ich, verehrte Natalia
Stepanowna, nach der Ernte anzufangen. Ach, haben
Sie gehört? Stellen Sie sich vor, was für ein Unglück!
Mein Hund Ugadai, den Sie ja kennen, hinkt.

36   *Der Heiratsantrag*

Natalia. Welch ein Jammer! Woher denn?

Lomow. Ich weiß nicht... Er hat sich wohl verrenkt,
oder die andern Hunde haben ihn gebissen...
(Seufzt.) Der beste in der Meute, vom Geld gar nicht
zu reden! Ich hab doch für ihn dem Mironow
hundertzwanzig Rubel gezahlt.

Natalia. Das ist überzahlt, Iwan Wassiljewitsch!

Lomow. Nach meiner Meinung sehr billig. Ein
wunderbarer Hund.

Natalia. Papa hat für seinen Otkatai fünfund-
achtzig Rubel gegeben, doch ist Otkatai ungleich
besser als Ihr Ugadai!

Lomow. Otkatai besser als Ugadai! Hören Sie!
(Lacht.) Otkatai besser als Ugadai!

Natalia. Natürlich besser! Er ist wohl noch jung,
noch nicht ganz erwachsen, aber nach Gestalt und
Farbe hat selbst Woltschanjetzki keinen so guten.

Lomow. Erlauben Sie, Natalia Stepanowna, aber Sie
vergessen, daß er schwachkiefrig ist, und ein schwach-
kiefriger Hund wird nie gut fangen!

Natalia. Schwachkiefrig? Ich hör das zum ersten
Mal!

Lomow. Ich versichere Ihnen: Der Unterkiefer ist
kürzer als der obere.

Natalia. Sie haben nachgemessen?

Lomow. Ich hab gemessen. Bis zum Einholen taugt
er natürlich, aber wenn's zum Packen kommt, dann
wohl kaum...

Natalia. Erstens ist unser Otkatai reinrassig, dicht-
haarig, ein Sohn von Stopfkuchen und von Pistole,
aber bei Ihrem braungescheckten ist die Rasse un-
definierbar... Außerdem ist er natürlich alt und
mißgestaltet wie ein Klepper...

Lomow. Er ist alt, aber nicht mal fünf von Ihren
Otkatais nehm ich für ihn... Ist es möglich?
Ugadai — das ist ein Hund, aber Otkatai... 's ist
ja lachhaft, da noch zu streiten... Solche wie Ihr
Otkatai gibt es bei jedem Hundewärter in rauhen
Mengen. Fünfundzwanzig Rubel, der höchste Preis
für ihn.

Der Heiratsantrag 37

Natalia. In Ihnen, Iwan Wassiljewitsch, sitzt heute irgendein Widerspruchs-Teufel. Bald denken Sie sich aus, daß die Bullenwiese Ihnen gehört, bald ist Ugadai besser als Otkatai. Ich lieb nicht, wenn ein Mensch nicht das spricht, was er denkt. Sie wissen doch sehr gut, daß Otkatai hundertmal besser ist als Ihr... als dieser dumme Ugadai. Warum denn das Gegenteil sagen?

Lomow. Ich sehe, Natalia Stepanowna, Sie halten mich für einen Blinden oder einen Dummkopf. Ja, verstehen Sie doch endlich, daß Ihr Otkatai schwachkiefrig ist!

Natalia. Das ist nicht wahr!

Lomow. Schwachkiefrig!

Natalia *(schreit).* Nicht wahr!

Lomow. Warum schreien Sie, Gnädigste?

Natalia. Warum reden Sie Blech? Das ist doch empörend! 's ist schon Zeit, Ihren Ugadai abzuschießen, und Sie vergleichen ihn mit Otkatai!

Lomow. Verzeihung, aber ich bin nicht imstande, diesen Disput fortzusetzen. Ich habe Herzklopfen.

Natalia. Das ist mir aufgefallen: Am meisten streiten *die* Jäger, die am wenigsten verstehen.

Lomow. Meine Gnädigste, ich bitte, schweigen Sie... Mein Herz platzt noch... *(Schreit.)* Schweigen Sie!

Natalia. Ich schweige nicht, solange Sie nicht eingestehen, daß Otkatai hundertmal besser ist als Ihr Ugadai!

Lomow. Hundertmal schlechter! Soll er krepieren, Ihr Otkatai! Schläfe... Auge... Schulter...

Natalia. Und Ihr idiotischer Ugadai muß nicht erst krepieren, weil er schon so ein Krepierling ist!

Lomow *(weinend).* Hören Sie auf! Ich hab einen Herzschlag!!

Natalia. Ich hör nicht auf!

VII.

Die Vorigen und Tschubukow.

T s c h u b u k o w *(tritt ein)*. Was ist los?

N a t a l i a. Papa, sag aufrichtig, nach reinstem Gewissen: Welcher Hund ist besser — unser Otkatai oder sein Ugadai?

L o m o w. Stepan Stepanowitsch, ich flehe Sie an, sagen Sie nur eines: Ist Ihr Hund schwachkiefrig oder nicht? Ja oder Nein?

T s c h u b u k o w. Na, und wenn schon? Große Sache! Aber dafür gibt es im ganzen Kreis keinen besseren Hund undsoweiter

L o m o w. Aber mein Ugadai ist doch *besser*? Auf Ehre und Gewissen!

T s c h u b u k o w. Seien Sie nicht aufgeregt, Teuerster... Erlauben Sie... Ihr Ugadai, eben gerade, hat seine guten Eigenschaften... Er ist rasserein, steilschenkelig, auf festen Füßen undsoweiter undsoweiter. Doch hat dieser Hund, mein Schönster, wenn Sie wissen wollen, zwei wesentliche Mängel: Er ist alt und mit zu kurzer Beißzange.

L o m o w. Verzeihen Sie, ich hab Herzklopfen... Nehmen wir die Tatsachen... Wenn Sie sich erinnern, lief mein Ugadai in Katjas Grünbusch Ohr an Ohr mit dem gräflichen Hunde Rasmachai, doch Ihr Otkatai blieb um eine Meile zurück.

T s c h u b u k o w. Er blieb zurück, weil der gräfliche Piqueur ihn mit der Hundepeitsche geschlagen hat.

L o m o w. Und mit Recht. Alle Hunde laufen hinterm Fuchs, nur Ihr Otkatai zauste einen Hammel.

T s c h u b u k o w. Das ist nicht wahr, bitte... Mein Täubchen, ich bin aufbrausend, und so bitt ich Sie, eben gerade, diesen Disput abzubrechen. Er schlug ihn darum, weil alle auf den fremden Hund neidisch waren... Tjawohl! Alles Neidlinge! Und auch Sie, Verehrter, sind nicht ganz fehlerlos! Kaum haben Sie, eben gerade, bemerkt, daß ein Hund besser als Ihr Ugadai ist, so fangen Sie sofort an,

Der Heiratsantrag   39

ihn, diesen... selben... und dergleichen mehr...
Ich erinnere mich doch an alles!

L o m o w. Auch ich erinnere mich!

T s c h u b u k o w *(ihn nachäffend).* Auch ich erinnere
mich... An was denn?

L o m o w. Herzklopfen... Das Bein ist eingeschlafen... Ich kann nicht.

N a t a l i a *(ihn nachäffend).* Herzklopfen... Was sind
Sie für ein Jäger? Sie müßten in der Küche auf dem
Ofen liegen und Schaben zerdrücken, aber nicht
den Fuchs jagen! Herzklopfen...

T s c h u b u k o w. Wirklich, was sind Sie für ein
Jäger? Sie mit Ihren Herzklopfereien müßten eben
gerade zu Hause sitzen, statt auf dem Sattel zu
schwanken. Wenn Sie noch jagen würden, aber so
reiten Sie doch bloß aus, um zu streiten und fremden
Hunden im Wege zu sein undsoweiter. Ich bin aufbrausend, lassen wir dieses Gespräch. Sie sind, eben
gerade, überhaupt kein Jäger!

L o m o w. Und Sie sind also ein Jäger? Sie reiten
doch bloß, um sich beim Grafen anzuschmieren und
Intrigen zu spinnen... Das Herz!... Ein Intrigant
sind Sie!

T s c h u b u k o w. Wie, bitte? Ich, ein Intrigant?
(Schreit.) Mundhalten!

L o m o w. Ein Intrigant!

T s c h u b u k o w. Bengel! Junger Hund!

L o m o w. Alte Ratte! Jesuit!

T s c h u b u k o w. Halt den Mund, oder ich schieß
dich ab mit der Schrotflinte wie ein Rebhuhn!
Taugenichts!

L o m o w. Das weiß doch jeder — ach, das Herz — daß
Ihre gestorbene Frau Sie geprügelt hat... Das Bein...
Die Schläfe... Funken... ich falle, ich falle!

T s c h u b u k o w. Und du bist bei deiner Wirt-
schafterin unterm Pantoffel!

L o m o w. Da, da, da... das Herz ist geplatzt! Die
Schulter fortgerissen... Wo ist meine Schulter?...
Ich sterbe! *(Sinkt in den Lehnsessel.)* Einen Doktor!
(Fällt in Ohnmacht.)

40   *Der Heiratsantrag*

T s c h u b u k o w. Bengel! Milchbart! Taugenichts! Mir
wird übel! *(Trinkt Wasser.)* Übel!

N a t a l i a. Was sind Sie für ein Jäger? Sie können
ja nicht mal auf dem Pferd sitzen! *(Zum Vater.)*
Papa! Was ist mit ihm? Papa! Sieh doch, Papa!
(Kreischt auf.) Iwan Wassiljewitsch! Er ist gestorben!

T s c h u b u k o w. Mir ist übel!... Es verschlägt mir
den Atem!... Luft!

N a t a l i a. Er ist gestorben! *(Zupft Lomow am Är-
mel.)* Iwan Wassiljewitsch! Iwan Wassiljewitsch!
Was haben wir angerichtet! Er ist gestorben! *(Sinkt
in den Sessel.)* Einen Doktor, einen Doktor! *(Hysterischer Anfall.)*

T s c h u b u k o w. Och!... Was ist da? Was willst du?

N a t a l i a *(stöhnend).* Er ist gestorben!... gestorben!

T s c h u b u k o w. Wer ist gestorben? *(Blickt auf
Lomow.)* Er ist ja wirklich gestorben! Herrgott!
Wasser! Einen Doktor! *(Führt ein Glas Wasser an
Lomows Lippen.)* Trinken Sie!... Nein, er trinkt
nicht... Also ist er gestorben und dergleichen
mehr... Ich unglücklichster aller Menschen! Warum
schieß ich mir nicht eine Kugel vor den Kopf? War-
um hab ich mir bis jetzt noch nicht den Hals ab-
geschnitten? Worauf warte ich noch? Gebt mir ein
Messer! Gebt mir eine Pistole! *(Lomow bewegt sich.)*
Er lebt, glaub ich, wieder auf... Trinken Sie das
Wasser... so ist gut...

L o m o w. Funken... Nebel... Wo bin ich?

T s c h u b u k o w. Heiraten Sie schneller und — hol
Sie der Waldteufel! Sie ist einverstanden! *(Ver-
einigt die Hände Lomows und der Tochter.)* Sie
ist einverstanden und dergleichen mehr. Ich spende
meinen Segen undsoweiter undsoweiter. Aber laßt
mich nur zufrieden!

L o m o w. Wie? Was? *(Sich halb aufrichtend.)* Wen?

T s c h u b u k o w. Sie ist einverstanden! Na? Gebt
euch einen Kuß und... und mag euch der Teufel...!

N a t a l i a *(stöhnend).* Er lebt... Ja, ja, ich bin einverstanden...

T s c h u b u k o w. Küßt euch!

Der Heiratsantrag   41

L o m o w. Wie? Wen? *(Küßt sich mit Natalia Stepa-nowna.)* Sehr angenehm ... Pardon, worum handelt es sich? Ach ja, ich verstehe ... Das Herz ... Funken ... Ich bin glücklich, Natalia Stepanowna ... *(Küßt ihr die Hand.)* Das Bein ist eingeschlafen ...

N a t a l i a. Ich ... ich bin ebenfalls glücklich ...

T s c h u b u k o w. Mir wälzt sich ein Berg vom Herzen ... Uff!

N a t a l i a. Immerhin ... geben Sie doch wenigtens jetzt zu: Ugadai ist schlechter als Otkatai.

L o m o w. Besser!

N a t a l i a. Schlechter!

T s c h u b u k o w. Na, da fängt das Familienglück schon an! Champagner!

L o m o w. Besser!

N a t a l i a. Schlechter! Schlechter! Schlechter!

T s c h u b u k o w *(bemüht sich, zu überschreien).* Champagner! Champagner!

Vorhang

DIE HOCHZEIT

VAUDEVILLE IN EINEM AKT

PERSONEN

Jewdokím Sachárowitsch Shigáloff, verabschiedeter Kollegien-Registrator (niederster Grad der Rangtabelle)

Nastássja Timoféjewna, seine Frau

Dáschenka, deren Tochter

Epaminónd Maxímowitsch Aplómboff, ihr Bräutigam

Fjódor Jákowlewitsch Brüller-Wächter, verabschiedeter Kapitän 2. Ranges

Andréj Andréjewitsch Njúnin, Versicherungsagent

Anna Martýnowna Smejúkina, Hebamme, dreißigjährig, in grell ponceau-rotem Kleide

Iwán Micháilowitsch Jatj, Telegraphist

Charlámpij Spiridónowitsch Dýmba, ein Grieche und Konditor

Dmítri Stepánowitsch Mosgowói, Matrose der Handelsflotte

Hochzeitsbeistände (Brautführer etc.), Kavaliere, Lakaien

(Das Milieu ist nicht einfach russisch, sondern russisch-*levantinisch,* wie es für die Schwarzmeerhäfen Odessa, Chersson oder auch Taganrog [Tschechows Geburtsort] charakteristisch war. *Anm. d. Übers.)*

Die Handlung spielt in einem Saal der Stadtküche von Andronoff. Festlich-helle Beleuchtung. Eine große Tafel, gedeckt für das Souper. Um den Tisch beschäftigt sind mehrere befrackte Lakaien. Hinter der Szene spielt die Musik die letzte Figur einer Quadrille.

Die Smejukina, Jatj und ein Brautführer gehen über die Szene.

S m e j u k i n a. Nein, nein, nein!

J a t j *(hinter ihr hergehend).* Erbarmen Sie sich, erbarmen Sie sich!

S m e j u k i n a. Nein, nein, nein!

B r a u t f ü h r e r *(hinter ihnen hereilend).* Herrschaften, das geht nicht! Wohin wollen Sie denn? Und die grand-rond? Grand-rond, s'il vous plait!

(Sie gehen fort. Es treten ein Nastassja Timofejewna und Aplomboff.)

N a s t a s s j a. Statt mich mit allerhand Worten zu beunruhigen, sollten Sie lieber tanzen gehen.

A p l o m b o f f. Ich bin nicht irgendein Spinoza, um mit den Fußspitzen Brezeln zu beschreiben. Ich bin ein positiver Mensch mit Charakter und sehe keinerlei Unterhaltung in leeren Belustigungen. Doch es handelt sich nicht um Tänze. Verzeihung, maman, aber mir bleibt vieles unverständlich in Ihren Handlungen. Zum Beispiel haben Sie mir, außer notwendigem Hausrat, als Mitgift Ihrer Tochter auch noch zwei Billette Prämienanleihe versprochen. Wo sind sie?

N a s t a s s j a. Ich habe irgendwie Kopfschmerzen ... Es kommt wohl schlechtes Wetter ... Sicher Tauwetter!

A p l o m b o f f. Reden Sie mir nicht die Zähne entzwei. Heute habe ich erfahren, daß Ihre Prämienbillets verpfändet sind. Verzeihung, maman, aber so handeln nur Exploitatoren. Ich sag das ja nicht aus Egoistizismus — ich brauch Ihre Bilette nicht —, sondern aus Prinzip, und ich erlaube niemand, mich zu betakeln.

Ich habe Ihre Tochter glücklich gemacht, und falls
Sie mir die Billette nicht noch heute geben, so freß
ich Ihre Tochter mit Grütze auf! Ich bin ein wohl-
geborener Mensch!

N a s t a s s j a *(blickt auf den Tisch und zählt die
Kuverts).* Eins, zwei, drei, vier, fünf . . .

L a k a i. Der Koch fragt, wie das Speise-Eis serviert
werden soll: mit Rum, mit Madeira oder ohne gar
nichts?

A p l o m b o f f. Mit Rum. Und sag dem Wirt, daß zu
wenig Wein ist. Sag, daß er noch Haut-Sauternes
auffahren soll. *(Zu Nastassja Timofejewna.)* Sie haben
ebenfalls versprochen, und die Abmachung ging dahin, daß heute zum Souper ein General da sein wird.
Wo ist er, frage ich?

N a s t a s s j a. Mein Täubchen, da bin ich nicht daran
schuld.

A p l o m b o f f. Wer denn?

N a s t a s s j a. Andrej Andrejitsch ist schuld . . . Gestern
kam er und versprach, den allerwirklichsten General
mitzubringen. *(Seufzt auf.)* Hat wohl nirgend einen
gefunden, sonst hätt' er gebracht . . . Ist denn uns
was zu schade? Für das leibliche Kind ist uns nichts
zu schade. Einen General: also einen General.

A p l o m b o f f. Und dann noch . . . Allen, und dar-
unter auch Ihnen, maman, ist bekannt, daß vor
meinem Heiratsantrag dieser Telegraphist Jatj Daschenka den Hof gemacht hat. Warum haben Sie ihn
eingeladen? Wußten Sie denn nicht, daß mir das
unangenehm ist?

N a s t a s s j a. Ach — wie heißt du bloß? — Epaminond Maximytsch, es ist noch kein Tag her, daß du
verheiratet bist, und hast schon mich und Daschenka
mit deinen Gesprächen totgequält. Was wird da erst
in einem Jahr sein? Du bist anstrengend, ach wie
anstrengend!

A p l o m b o f f. Keine Lust, die Wahrheit zu hören?
Aha? Das ist's eben! Handeln Sie doch wohlgeboren.
Ich verlang von Ihnen nur eins: Führen Sie sich
wohlgeboren auf.

Die Hochzeit 47

(Durch den Saal, von einer Tür zur andern, bewegen sich die Paare der grand-rond Tanzenden. Als erstes Paar der Brautführer mit Daschenka, als letztes Jatj mit der Smejukina. Das letzte Paar bleibt im Saal zurück. Shigaloff und Dymba treten ein und gehen zum Tisch.)

Der Brautführer *(ruft)*. Promenád! M'sieu, Promenád! *(Hinter der Szene.)* Promenád!

(Die Tanzpaare ab.)

Jatj *(zur Smejukina)*. Erbarmen Sie sich! Erbarmen Sie sich, bezaubernde Anna Martynowna!

Smejukina. Ach, Sie *sind* einer ... Ich sagte schon, daß ich heute nicht bei Stimme bin.

Jatj. Ich flehe Sie an, singen Sie! Nur eine einzige Note! Erbarmen Sie sich! Nur *eine* Note!

Smejukina. Sie langweilen mich. *(Setzt sich und bewegt ihren Fächer.)*

Jatj. Nein, Sie sind einfach unbarmherzig! So ein grausames Geschöpf, gestatten Sie den Ausdruck, und solch eine wunderbare, wunderbare Stimme! Mit dieser Stimme sollten Sie, verzeihen Sie den Ausdruck, sich nicht mit Geburtshilfe befassen, sondern öffentliche Konzerte singen! Wie gottvoll, zum Beispiel, kommt bei Ihnen diese Fioritur heraus ... eben diese ... *(Intoniert.)* „Ich liebte Sie, die Lieb' ist noch vergebens ..." Zauberhaft!

Smejukina *(intoniert)*. „Ich liebte Sie, die Liebe ist vielleicht noch ..." Dieses?

Jatj. Genau dieses! Zauberhaft!

Smejukina. Nein, ich bin heute nicht bei Stimme. Da, fächeln Sie auf mich mit dem Fächer ... Wie heiß! *(Zu Aplomboff.)* Epaminond Maximytsch, warum sind Sie so melancholisch? Schickt sich das für einen Bräutigam? Schämen Sie sich nicht, Sie Böser! Na, worüber sind Sie so nachdenklich?

Aplomboff. Die Heirat ist ein seriöser Schritt! Man muß alles gründlich überlegen, von allen Seiten.

Smejukina. Was seid ihr alle für widerliche Skeptiker! Ich ersticke hier bei euch ... Gebt mir Atmosphäre! Hören Sie? Gebt mir Atmosphäre! *(Stimmt eine Melodie an.)*

48   *Die Hochzeit*

J a t j. Zauberhaft! Zauberhaft!

S m e j u k i n a. Fächeln Sie auf mich, fächeln Sie, sonst,
    fühle ich, trifft mich sofort der Schlag. Sagen Sie,
    bitte, warum ist mir so zum Ersticken?

J a t j. Das kommt, weil Sie so schwitzen ...

S m e j u k i n a. Pfui, wie Sie vulgär sind! Wagen Sie
    nicht, sich so auszudrücken!

J a t j. Verzeihung! Natürlich, Sie sind gewöhnt, ver-
    zeihen Sie den Ausdruck, an aristokratische Gesell-
    schaftskreise und ...

S m e j u k i n a. Ach, lassen Sie mich zufrieden! Gebt
    mir Poesie, gebt mir Ekstasen! Fächern Sie, fächern
    Sie ...

S h i g a l o f f *(zu Dymba; beide haben soeben Schnaps
    getrunken).* Noch'n mal, was? *(Gießt ein.)* Trinken
    kann man in jeglicher Minute. Die hauptsächliche
    Aktion besteht darin, Charlampij Spiridonytsch, daß
    man sein Geschäft nicht vergißt. Sauf, aber ver-
    kauf ... Was jedoch das Trinken betrifft, warum soll
    man nicht trinken? Trinken kann man ruhig ... Auf
    Ihre Gesundheit! *(Sie trinken.)* Bei Ihnen in Griechen-
    land, gibt es da Tiger?

D y m b a. Es gibbt.

S h i g a l o f f. Aber Löwen und Leoparden?

D y m b a. Es gibt auch Löwen und Leoparden. Bloß
    hier in Rußland nix is da, aber in Griechenland is
    alles. Dort is auch mein Vater, und mein Onkel, und
    Brüder meinige, aber hier is nix.

S h i g a l o f f. Hm ... Nu aber Walfische, gibt es in
    Griechenland?

D y m b a. Es gibbt. In Griechenland alles gibbt.

N a s t a s s j a *(zu ihrem Mann).* Wozu unnütz Schnaps
    trinken und Imbiß nehmen? 's ist schon Zeit, daß
    sich alle hinsetzen. Stich nicht mit der Gabel in die
    Hummern ... Die sind für den General hingestellt.
    Vielleicht kommt er doch noch ...

S h i g a l o f f. Aber gibt es in Griechenland Hummern?

D y m b a. Es gibbt ... Dort alles gibbt.

S h i g a l o f f. Hm ... Aber Kollegien-Registratoren —
    gibt es?

Die Hochzeit   49

S m e j u k i n a. Ich kann mir vorstellen, was in
    Griechenland für eine Atmosphäre ist!
S h i g a l o f f. Und auch, wahrscheinlich, eine Menge
    Gaunerei. Griechen, die sind doch dasselbe wie Ar-
    menier oder Zigeuner. Der verkauft dir 'nen
    Schwamm oder 'nen Goldfisch, aber lauert nur, von
    dir mehr herauszuschinden. *(Zu Dymba.)* Noch'n
    mal, wie?
N a s t a s s j a. Wozu unnütz wiederholen? Alle müßten
    sich schon längst zu Tisch setzen. Es ist schon zwölf
    Uhr...
S h i g a l o f f. Hinsetzen, dann also hinsetzen. Meine
    Herrschaften, ich bitte ergebenst! Bitte, kommen Sie!
    (Ruß.) Zum Abendessen! Junge Leute!
N a s t a s s j a. Liebwerte Gäste, wir bitten zu kommen!
    Setzen Sie sich!
S m e j u k i n a *(sich setzend)*. Gebt mir Poesie! „Doch
    er, der wilde, sucht sich Stürme, / als ob in Stürmen
    Ruhe ist!" Gebt mir einen Sturm!
J a t j *(beiseite)*. Eine großartige Frau! Ich bin verliebt!
    Bis über die Ohren verliebt!
(Es treten ein Daschenka, Mosgowoi, die Brautführer,
Kavaliere, junge Damen usw. Alle setzen sich geräusch-
voll zu Tisch; kurze Pause; die Musik spielt einen
Marsch.)
M o s g o w o i *(sich erhebend)*. Meine Herrschaften! Ich
    muß Ihnen folgendes sagen... Bei uns sind hier sehr
    viele Toaste und Reden vorbereitet. Warten wir nicht
    lange, sondern fangen wir gleich an. Meine Herr-
    schaften, ich fordere Sie auf, einen Toast auf das
    junge Paar zu trinken! *(Die Musik spielt einen*
    Tusch. Hurra-Ruf. Anstoßen.) Hals- und Beinbruch!
A l l e. Hals- und Beinbruch!
    (Aplomboff und Daschenka küssen einander.)
J a t j. Wunderbar! Wunderbar! Ich muß Ihnen zum
    Ausdruck bringen, meine Herrschaften, und die
    schuldige Gerechtigkeit widerfahren lassen, daß
    dieser Saal und überhaupt das ganze Lokal pracht-
    voll sind! Außerordentlich, bezaubernd! Doch wissen
    Sie, was noch fehlt zum völligen Triumph? Elek-

50   *Die Hochzeit*

trische Beleuchtung, verzeihen Sie den Ausdruck! In
allen Ländern ist bereits elektrische Beleuchtung, nur
Rußland blieb da noch zurück.

S h i g a l o f f *(tiefsinnig)*. Elektrizität ... Hm ... Aber
nach meinem Gesichtswinkel ist die elektrische Beleuchtung — bloß eine einzige Gaunerei ... Die
stecken da ein Stückchen Kohle hinein und glauben
damit abzulenken! Nein, Junge, gibst du schon Beleuchtung, dann gib nicht so'n Kohlestückchen, sondern
etwas Wesentliches, so irgend etwas Besonderes, an
das man sich halten kann! Du gib mir Feuer —
verstehst du? — Feuer, das natürlich ist und nicht
intellektuell!

J a t j. Wenn Sie eine elektrische Batterie gesehen hät-
ten, woraus sie zusammengesetzt ist, so würden Sie
anders urteilen.

S h i g a l o f f. Und ich *will* nicht sehen. Schwindel.
Die betrügen das einfache Volk ... Pressen die letzten
Säfte aus ... Wir kennen sie, eben diese selben ...
Aber Sie, Herr junger Mann, täten auch besser, statt
für Gaunerei einzutreten, lieber zu trinken und den
anderen einzuschenken. Ja, wirklich wahr!

A p l o m b o f f. Ich bin mit Ihnen, papa, völlig ein-
verstanden. Wozu gelehrte Gespräche anfangen?
Auch ich bin nicht abgeneigt, selber von allerhand
Entdeckungen in wissenschaftlichem Sinne zu reden,
aber dazu sucht man sich eine andere Zeit aus. *(Zu
Daschenka.)* Wie ist deine Ansicht, ma chère?

D a s c h e n k a. Er mecht' seine Bildung hervorstreichen
und redet immer von Unverständlichem.

N a s t a s s j a. Wir haben, Gott sei Dank, unser Leben
ohne Bildung verbracht und verheiraten jetzt schon
die dritte Tochter an einen guten Mann. Aber wenn
wir, Ihrer Meinung nach, ungebildet sind, warum
verkehren Sie dann mit uns? Gehn Sie doch lieber
zu Ihren Gebildeten!

J a t j. Ich habe, Nastassja Timofejewna, Ihre Familie,
stets verehrt, aber was die elektrische Beleuchtung
angeht, so heißt das noch nicht, daß ich's aus Stolz
sagte. Wenn Sie wollen, kann ich sogar trinken, sehen

Die Hochzeit

Sie. Ich habe Darja Jewdokimowna stets aus ganzem Gefühl einen guten Gatten gewünscht. In unserer Zeit ist es schwer, Nastassja Timofejewna, einen guten Mann zu finden. Heutzutage lauert jeder nur darauf, aus Berechnung zu heiraten, wegen des Geldes ...

A p l o m b o f f. Das ist eine Anspielung!

J a t j *(furchtsam)*. Das ist nicht die geringste Anspielung ... Ich spreche nicht von den Anwesenden ... Ich sagte nur so ... im allgemeinen ... Erbarmen Sie sich! Alle wissen doch, daß Sie aus Liebe ... Die Mitgift ist ja ganz unbedeutend.

N a s t a s s j a. Nein, nicht unbedeutend! Sprich, Mensch, aber versprich dich nicht. Außer, daß wir eintausend Rubel bares Geld hinlegen, geben wir noch drei Pelerinen, ein Bett und die ganze Möblierung. Geh mal und such woanders so 'ne Mitgift!

J a t j. Aber ich sag ja nichts ... Die Möbel sind wirklich gut und ... und auch die Pelerinen natürlich, aber ich meine in dem Sinne, daß er beleidigt ist, weil ich angespielt hätte.

N a s t a s s j a. Dann spielen Sie eben nicht an. Wir achten Sie wegen Ihrer Eltern, laden Sie zur Hochzeit, und Sie sprechen da solche Ausdrücke. Aber wenn Sie gewußt haben, daß Epaminond Maximytsch aus Berechnung heiratet, warum haben Sie dann vorher geschwiegen? *(Weinerlich.)* Ich habe sie vielleicht genährt, getränkt, auferzogen ... habe sie gehegt wie einen diamantnen Smaragd, mein Kindchen ...

A p l o m b o f f. Und Sie haben ihm geglaubt? Ergebensten Dank! Bin sehr verbunden! *(Zu Jatj.)* Aber Sie, Herr Jatj, wenn Sie auch mein Bekannter sind, so gestatte ich Ihnen doch nicht, in einem fremden Hause solche Schweinereien aufzuführen! Verlassen Sie gefälligst das Haus!

J a t j. Das heißt, wie das?

A p l o m b o f f. Ich verlange, daß sie genau so ein ehrenhafter Mensch sind wie ich! Mit einem Wort, gehn Sie gefälligst weg!

(Die Musik spielt einen Tusch.)

52 *Die Hochzeit*

Die Kavaliere *(zu Aplomboff).* Laß doch! Mußt du wirklich! Lohnt sich's denn? Setz dich hin! Laß doch!

J a t j. Ich hab gar nichts ... Ich habe bloß ... Ich kann nicht einmal verstehen ... Bitte schön, ich gehe ... *(Zu Aplomboff.)* Aber geben Sie zuerst die fünf Rubel zurück, die Sie voriges Jahr bei mir geborgt haben für eine Piquéweste, verzeihen Sie den Ausdruck. Ich trinke bloß noch aus und ... und gehe fort, aber geben Sie zuerst die Schuld zurück.

Die Kavaliere. Also gut, gut! Genug! Lohnt sich's denn wegen solcher Kleinigkeit?

Der Brautführer *(schreit).* Aufs Wohl der Eltern der Braut, Jewdokim Sacharytsch und Nastassja Timofejewna!

(Die Musik spielt einen Tusch. Hurra-Ruf.)

S h i g a l o f f *(verbeugt sich gerührt nach allen Seiten).* Ich danke allen! Verehrte Gäste! Ich bin Ihnen sehr dankbar, daß Sie uns nicht vergessen haben und gekommen sind, nicht zu stolz gewesen sind! ... Und glauben Sie ja nicht, ich wäre ein abgefeimter Kerl oder das sei Gaunerei meinerseits, sondern das ist volles Gefühl! Aus offenster Seele! Wir danken ergebenst! *(Küßt einige Gäste.)*[*]

D a s c h e n k a *(zur Mutter).* Mama, warum weinen Sie? Ich bin so glücklich!

A p l o m b o f f. Maman ist aufgeregt wegen der bevorstehenden Trennung. Doch ich würde ihr raten, lieber an unser voriges Gespräch zu denken.

J a t j. Weinen Sie nicht, Nastassja Timofejewna! Überlegen Sie doch: Was sind menschliche Tränen? Bloß kleinmütige Psychiatrie und weiter nichts!

S h i g a l o f f. Aber Brätling-Pilze gibt es in Griechenland?

D y m b a. Es gibbt. In Griechenland alles gibbt.

S h i g a l o f f. Aber Champignons, denk ich, gibt es keine.

D y m b a. 's gibbt auch Champignons. Alles gibbt.

---

[*] Wie bei der französischen Accolade. *Anm. d. Übers.*

Die Hochzeit 53

Mosgowoi. Charlampij Spiridonytsch, jetzt sind Sie an der Reihe, eine Rede zu halten! Meine Herrschaften, laßt ihn eine Rede halten.

Alle *(zu Dymba)*. Eine Rede! Eine Rede! Sie sind dran!

Dymba. Wofür? Ich versteh nicht dasjenige... Was is da?

Smejukina. Nein, nein! Wagen Sie nicht, abzulehnen! Sie sind an der Reihe! Stehen Sie auf!

Dymba *(erhebt sich, verlegen)*. Ich kann reden sowas... Welches is Rußland und welches Griechenland. Jetzt welche Leute in Rußland und welche in Griechenland... Und welche auf dem Meer schwimmen *Karavia*, auf Russisch cheißt Schiffe, aber auf Land verschiedene welche Eiserbahnen. Ich versteh sehr gut... Wir Griechen, ihr Russen, ich brauch gar nix... Ich kann reden sowas... welches is Rußland und welches Griechenland.

(Njunin tritt ein.)

Njunin. Hören Sie, Herrschaften, essen Sie noch nicht! Warten Sie noch! Nastassja Timofejewna, auf eine Minute! Bitte hierher! *(Führt Nastassja Timofejewna beiseite, außer Atem.)* Hören Sie... Sogleich kommt ein General... Endlich hab ich einen *doch* gefunden... Hab mich einfach totgerackert... Ein wirklicher General, so ein solider, alter, vielleicht achtzig Jahre alt, sogar neunzig...

Nastassja. Wann wird er denn kommen?

Njunin. Diese Minute. Sie werden mir das ganze Leben dankbar sein. Kein General, aber ein Pfirsich, ein Boulanger! Nicht irgendwelche Infanterie, kein Fußvolk, sondern Marine! Dem Grad nach ist er Kapitän zweiten Ranges, aber bei der Marine ist das dasselbe wie ein Generalmajor oder wie im Zivildienst ein wirklicher Staatsrat. Vollständig dasselbe. Sogar mehr.

Nastassja. Aber beschwindelst du mich nicht, Andrjuschenka?

Njunin. Na bitte, bin ich denn ein Gauner, wie? Seien Sie ganz beruhigt.

54   *Die Hochzeit*

Nastassja *(aufseufzend).* Ich will nicht unnütz
Geld ausgeben, Andrjuschenka...

Njunin. Seien Sie ganz beruhigt! Kein General, sondern ein Gemälde! *(Die Stimme erhebend.)* Und da
sage ich: „Das ist nicht gut, Eure Exzellenz, alte Be-
kannte zu vergessen! Nastassja Timofejewna", sage
ich, „ist auf Sie richtig pikiert." *(Tritt an den Tisch
und setzt sich.)* Und er sagt mir: „Lieber Freund,
erbarm dich, wie kann ich denn hingehn, wenn ich
mit dem Bräutigam nicht bekannt bin?" — „Ach,
lassen Sie doch, Exzellenz", sage ich, „was sind das
für Zeremonien? Der Bräutigam ist der bezauberndste
Mensch, freimütig bis da hinaus. Er dient", sage ich,
„als Taxator in der Kreditkasse, aber denken Sie
nur nicht, Exzellenz, das sei irgendein Pechpilz oder
Coeurbube. In den Kreditkassen", sag ich, „arbeiten
heute sogar wohlgeborene Damen." Na, da klopfte
er mir auf die Schulter, wir rauchten noch jeder
eine Havanna-Zigarre, und jetzt kommt er also her-
gefahren... Warten Sie, Herrschaften, essen Sie noch
nicht...

Aplomboff. Und wann wird er kommen?

Njunin. Diese Minute. Als ich ihn verließ, zog er
bereits die Galoschen an. Warten Sie, Herrschaften,
essen Sie noch nicht...

Aplomboff. Da muß man doch anordnen, daß
ein Marsch gespielt wird.

Njunin *(ruft).* He, Musikanten! Einen Marsch!
*(Die Musik spielt für einen Augenblick
einen Marsch.)*

Lakai *(meldet an).* Herr Brüller-Wächter!

*(Shigaloff, Nastassja Timofejewna und Njunin eilen
ihm entgegen. Brüller-Wächter tritt ein.)*

Nastassja *(mit Reverence)* Seien Sie willkommen,
Exzellenz! Sehr angenehm!

Brüller. Äußerst!

Shigaloff. Wir sind, Eure Exzellenz, keine vor-
nehmen Menschen, keine hochgestellten, sondern einfache Leute, aber glauben Sie ja nicht, daß hier
unsererseits die geringste Gaunerei vorliegt. Für gute

Die Hochzeit 55

Menschen reservieren wir den ersten Platz, uns ist's um nichts schade. Seien Sie willkommen!

B r ü l l e r. Äußerst erfreut!

N j u n i n. Erlauben Sie vorzustellen, Exzellenz: der Bräutigam Epaminond Maximytsch Aplomboff, nebst seiner neugeboren... das heißt neuverheirateten Gattin! Iwan Michailowitsch Jatj, arbeitet im Telegraphenamt! Der Ausländer griechischen Standes von der Konditorei-Branche Charlampij Spiridonowitsch Dymba! Ossip Lukitsch Babelmandebski! Undsoweiter, undsoweiter... Die Übrigen sind alle dummes Zeug. Setzen Sie sich, Eure Exzellenz!

B r ü l l e r. Äußerst! Verzeihung, meine Herrschaften, aber ich muß Andrjuscha ein paar Worte sagen. *(Führt Njunin beiseite.)* Mein Lieber, ich bin etwas verlegen... Warum nennst du mich Exzellenz? Ich bin doch kein General! Ein Kapitän zweiten Ranges — das ist sogar weniger als ein Oberst.

N j u n i n *(spricht ihm laut ins Ohr, wie einem Harthörigen).* Das weiß ich, aber seien Sie schon so gut, Fjodor Jakowlewitsch, und erlauben Sie uns, Sie Exzellenz zu nennen! Die Familie hier ist, wissen Sie, patriarchalisch, verehrt die Oberen, liebt die Rangstufen...

B r ü l l e r. Ja, wenn es *so* ist, dann natürlich... *(Tritt an den Tisch.)* Äußerst!

N a s t a s s j a. Setzen Sie sich, Exzellenz, seien Sie so gütig! Essen Sie, Exzellenz! Verzeihen Sie bloß, bei Ihnen, da sind Sie an Delikates gewöhnt, aber bei uns ist's einfach!

B r ü l l e r *(hat nicht gut gehört.)* Wie bitte? Hm... Tja, ja.

(Gesprächspause.)

Tja, ja... Früher lebten die Leute einfach und waren zufrieden. Ich bin ein Mensch in erhöhtem Dienstgrad, und doch lebe ich einfach... Heute kommt Andrjuscha zu mir und ruft mich hierher auf die Hochzeit. Wie kann ich denn hingehn, sag ich, wenn ich nicht bekannt bin? Das ist peinlich! Aber er sagt: „Das sind einfache Leute, patriarchalische, die freu'n

56   *Die Hochzeit*

sich über jeden Gast..." Nu natürlich, wenn es *so*
ist... warum nicht? Sehr gern. Zuhause ist's mir
Einsamem langweilig, und wenn meine Anwesenheit
bei der Hochzeit jemand Freude macht, sage ich,
so bin ich gern bereit...
S h i g a l o f f. Das heißt, Sie kamen aus vollem Herzen, Exzellenz? Meine Hochachtung! Ich selber bin
ein einfacher Mensch, ohne jede Gaunerei meinerseits,
und ich verehre solche. Essen Sie, Eure Exzellenz!
A p l o m b o f f. Sind Sie schon lange a. D., Exzellenz?
B r ü l l e r. Wie? Ja, ja... Das ist wahr. Tjawohl...
aber erlauben Sie, was ist denn eigentlich? Der
Hering ist bitter... auch das Brot schmeckt bitter.
Unmöglich zu essen! Da muß sich das Brautpaar
schon zur Versüßung küssen!
A l l e. Bitter! Bitter!
          (Aplomboff und Daschenka küssen sich.)*
B r ü l l e r. Ha — ha — ha... Ihre Gesundheit.
                    (Gesprächspause.)
Tja... Früher war alles einfach und alle waren
zufrieden... Ich liebe die Einfachheit... Ich bin ja
alt und trat aus dem Dienst im Jahre achtzehn-
hundertfünfundsechzig... Ich bin zweiundsiebzig
Jahre alt... Ja. Natürlich, es war nicht ohne, auch
früher liebte man bei Gelegenheit Pracht zu zeigen,
aber... *(Erblickt den Matrosen Mosgowoi.)* Sie sind
dingsda... ein Matrose gewissermaßen?
M o s g o w o i. Jawohl.
B r ü l l e r. Aha... So... Tja... Der Dienst in der
Marine ist immer schwer gewesen. Da hat man genug,
um nachzudenken und sich den Kopf zu zerbrechen.
Jedes geringste Wort besitzt sozusagen seinen be-
sonderen Sinn! Zum Beispiel: „Mastwächter über
Wanten auf Fock und Großsegel!" Was heißt
das? Keine Angst, ein Matrose versteht's schon!
He, he. Eine Feinheit; die Mathematik ist nichts da-
gegen.

---
* Ein alter russischer Hochzeitsbrauch: Wenn „bitter" gerufen wird,
muß sich das Brautpaar küssen. *Anm. d. Übers.*

Die Hochzeit 57

N j u n i n. Aufs Wohl seiner Exzellenz Fjodor Jakowlewitsch Brüller-Wächters!
(Die Musik spielt einen Tusch. Hurraruf.)
J a t j. Soeben geruhten Sie, Exzellenz, sich auszudrücken
betreffs der Schwere des Marinedienstes. Aber ist es
denn beim Telegraphen leichter? Heutzutage, Exzellenz, darf niemand in den Telegraphendienst treten,
wenn er nicht Französisch und Deutsch sowohl lesen
als schreiben kann. Aber das Allerschwerste bei uns
ist die Weitergabe von Telegrammen. Furchtbar
schwer! Bitte hören Sie. *(Klopft mit der Gabel auf
den Teller, einen Telegraphenticker nachahmend.)*
B r ü l l e r. Was heißt denn das?
J a t j. Das heißt: „Ich verehre Sie, Eure Exzellenz, um
Ihrer Tugenden willen." Sie glauben, es ist leicht?
Jetzt noch was. *(Er klopft wieder.)*
B r ü l l e r. Bitte, lauter... Ich höre nicht...
J a t j. Aber das heißt: „Madame, wie glücklich bin ich,
daß ich Sie in meiner Umarmung halte!"
B r ü l l e r. Was meinen Sie da für eine Madame?
Tja... *(Zu Mosgowoi.)* Ja, wissen Sie, wenn man
mit vollem Winde geht und muß... und muß die
Bramsegel und Baum-Bramsegel setzen! Da heißt es
kommandieren: „Sahlingsleute an die Wanten auf
Bramsegel und Baum-Bramsegel...", und zur selben
Zeit, wie man auf den Rahen die Segel ausschüttet,
stellt man sich unten an die Bramschoten, Baum-
Bramschoten, Bramfallen, Baum-Bramfallen und
Brambrassen sowie Baum-Brambrassen.
D e r B r a u t f ü h r e r *(sich erhebend).* Meine hochverehrten Herren und hochverehrten Da...
B r ü l l e r *(unterbrechend).* Jawohl... Als ob es da
wenig Kommandos gibt... Tja... „Bramschoten
und Baum-Bramschoten anziehen, los auf die Fallen!!"
Gut? Aber was heißt das und was ist der tiefere Sinn?
Sehr einfach! Die ziehen, wissen Sie, die Bramschoten
und Baum-Bramschoten, aber auch die Fallen... alles
auf einmal! Dabei werden aber die Baum-Bramschoten und die Baum-Bramfallen beim Aufziehen
aufeinander abgestimmt, während gleichzeitig, je nach

Bedarf, ihre Brassen abgefiert werden, und wenn dann schon die Schoten angezogen sind und ebenso alle Fallen bis an ihren Ort, dann werden die Brambrassen und die Baum-Brambrassen angezogen und die Rahen je nach dem Winde abgebraßt...

N j u n i n *(zu Brüller)*. Fjodor Jakowlewitsch, die Hausfrau bittet Sie, von was anderem zu reden. Das da verstehn die Gäste nicht und es ist ihnen langweilig...

B r ü l l e r. Wie? Wem ist es langweilig? *(Zu Mosgowoi.)* Junger Mann! Aber wenn das Schiff so mit allen Segeln Beidewind liegt auf Steuerbord-Halsen und wenn man über Stag gehen muß — wie soll man da kommandieren? Aber so: alles an Deck pfeifen. *(Zieht eine schrille Bootsmannspfeife aus der Tasche und pfeift durchdringend.)* „In den Wind über Stag gehen!" Hä, hä...

N j u n i n. Fjodor Jakowlewitsch, genug! Essen Sie.

B r ü l l e r. Und wie alles an Deck gelaufen ist, wird sogleich kommandiert: „Alles an seine Plätze, in den Wind über Stag!" Ach, das Leben! Du kommandierst und siehst dabei zu, wie die Matrosen blitzartig an ihre Plätze laufen und die Schoten und Brassen aufschließen. Da hältst du's nicht aus und rufst: „Bravo, Jungens!" *(Hat sich verschluckt und hustet.)*

D e r B r a u t f ü h r e r *(beeilt sich, die eingetretene Pause zu benutzen)*. Am heutigen, gewissermaßen Tage, an dem wir uns zuhauf versammelt haben zur Ehrung unseres verehrten...

B r ü l l e r *(unterbrechend)*. Tja! Das hat man eben alles zu behalten! Zum Beispiel: Fockschoten, Grotschoten abfieren!...

D e r B r a u t f ü h r e r *(gekränkt)*. Warum unterbricht er immer? Auf die Art bringen wir nicht *eine* Rede zu Ende!

N a s t a s s j a. Exzellenz, wir sind unwissende Leute, verstehen von ebendem rein gar nichts, aber erzählen Sie uns lieber irgendwas Diesbezügliches...

B r ü l l e r *(hat sich verhört)*. Ich habe bereits gegessen, danke. Sie sagen: Gänsebraten? Vielen Dank... Ja. Hab mich an die alte Zeit erinnert... Das war doch

Die Hochzeit 59

ein Vergnügen, junger Mann! Du schwimmst gemütlich auf dem Meer, ohne alle Sorgen, und *(mit gerührt-zitternder Stimme)* denken Sie an das Entzücken, wenn man das Schiff über Stag gehen läßt! Welcher Seemann entflammt sich nicht bei Erinnerung an dieses Manöver?! Denn sowie nur das Kommando erschallt: „Alles an Deck pfeifen *(pfeift durchdringend auf seinem Instrument)*, über Stag gehen" — da springt es wie ein elektrischer Funken durch alle. Vom Kommandeur bis zum letzten Matrosen — alle fahren sie auf ...

S m e j u k i n a. Langweilig! Langweilig!

(Allgemeines Murren.)

B r ü l l e r *(hat sich verhört)*. Danke, ich habe gegessen. *(Fährt hingerissen fort.)* Alles ist bereit und klammert sich mit den Augen an den Ersten Offizier ... Für die Fock- und Grot-Brassen auf Steuerbord, für die Kreuz-Brassen auf Backbord und für die Kontra-Brassen auf Backbord kommandiert der Erste Offizier. Alles wird momentan ausgeführt ... Fockschote Klüverschote abfieren ... Steuerbord wenden! *(Er erhebt sich.)* Das Schiff dreht bei in den Wind, und endlich fangen die Segel an zu killen. Der Erste Offizier: „Auf den Brassen, auf den Brassen nicht schlafen" — selbst aber klammert er sich mit den Augen ans Grot-Marssegel, und wie auch dieses zu killen anfängt, das heißt, wie der Moment des Wendens gekommen ist, erdröhnt das donnernde Kommando: „Großmars-Pardunen abfieren, an die Brassen!" Da fliegt alles und rasselt — eine babylonische Verwirrung! Alles wird fehlerlos ausgeführt! Der Schlag kam zustande!

N a s t a s s j a *(auffahrend)*. Ein General, und macht so einen gräßlichen Krach ... Sie sollten sich doch schämen bei Ihren Jahren, Ihren Epauletten!

B r ü l l e r. Koteletten? Nein, ich hab nicht gegessen ... vielen Dank.

N a s t a s s j a *(laut)*. Ich sage, sie könnten sich doch schämen bei Ihrem Alter! Ein General, und macht so einen gräßlichen Krach!

60 *Die Hochzeit*

N j u n i n *(verlegen)*. Also, meine Herrschaften . . . Lohnt
sich's denn? Wirklich wahr . . .

B r ü l l e r. Erstens bin ich kein General, sondern ein
Kapitän zweiten Ranges, was nach der Rangtabelle
dem Oberstleutnant entspricht.

N a s t a s s j a. Wenn Sie kein General sind, wofür
haben Sie dann Geld genommen? Und wir haben
Ihnen auch nicht Geld dafür gezahlt, daß Sie hier
Krach machen!

B r ü l l e r *(verblüfft)*. Was für ein Geld?

N a s t a s s j a. Das weiß man doch, was für eins. Sie
haben ja doch durch Andrej Andrejewitsch den 25-
Rubel-Schein bekommen. *(Zu Njunin.)* Aber das ist,
Andrjuschka, deinerseits Sünde! Ich habe dich nicht
gebeten, solch einen zu mieten!

N j u n i n. Also wirklich . . . Lassen Sie doch! Lohnt
sich's denn?

B r ü l l e r. Mieten . . . bezahlen . . . Was heißt das?

A p l o m b o f f. Immerhin, gestatten Sie . . . Sie haben
doch von Andrej Andrejewitsch fünfundzwanzig
Rubel erhalten?

B r ü l l e r. Was für fünfundzwanzig Rubel? *(Über-
legend.)* Ah, *das* also! Jetzt versteh ich alles . . . Wie
ekelhaft! Wie ekelhaft!

A p l o m b o f f. Sie haben doch das Geld erhalten?

B r ü l l e r. Ich hab überhaupt kein Geld erhalten! Gehn
Sie weg! *(Erhebt sich vom Tische.)* Wie ekelhaft! Wie
niedrig! Einen alten Menschen so zu kränken, einen
Seemann, einen verdienstvollen Offizier! . . . Wär' das
hier eine anständige Gesellschaft, so könnt' ich noch
zum Duell herausfordern, aber was soll ich jetzt
machen? *(Verwirrt.)* Wo ist die Tür? Auf welche
Seite geht man hinaus? Kellner, führen Sie mich fort!
Kellner! *(Im Gehen.)* Wie niedrig! Wie ekelhaft!
(Geht ab.)

N a s t a s s j a. Andrjuschenka, wo sind denn die fünfundzwanzig Rubel?

N j u n i n. Soll man denn reden über solch ein dummes
Zeug? Große Sache! Hier freuen sich alle, und Sie
fangen an, weiß der Teufel wovon . . . *(Schreit.)* Auf-

Die Hochzeit

Wohl des jungen Paares! Musik, einen Marsch! Musik! *(Die Musik spielt einen Marsch.)* Aufs Wohl des jungen Paares!

S m e j u k i n a. Ich ersticke! Gebt mir Atmosphäre! Hier unter euch kann ich nicht atmen.

J a t j *(entzückt).* O Herrliche, Herrliche!

(Lärm.)

D e r B r a u t f ü h r e r *(bemüht sich, zu überschreien).* Meine hochverehrten Herren und hochverehrten Damen! Am heutigen, gewissermaßen Tage ...

Vorhang

ANTON TSCHECHOW

Anton Tschechow wurde am 29. Januar 1860 in Taganrog geboren; der Sohn einer verarmten Kleinbürgerfamilie hatte eine schwere Jugend. Als er Medizin studierte, mußte er selbst für seinen Unterhalt sorgen. Unter dem Pseydonym Antóscha Tschechónte schrieb er heitere, nachdenkliche Skizzen und Geschichten für Witzblätter, die sehr bald seine große Erzählergabe erkennen ließen. Nach dem Abschluß seines Studiums arbeitete er als Arzt an einem Krankenhaus. Später unternahm er eine Reise quer durch Asien nach der Insel Sachalin, die er in dem gegen die Grausamkeit der Zwangsverschickung protestierenden Buch *Die Insel Sachalin* (1895) schilderte. Auch Italien, Wien und Paris hat er besucht. Eine Zeitlang lebte er als Landarzt in der Nähe von Moskau. 1901 zog er wegen seiner Lungenkrankheit nach Jalta auf der Krim. Drei Jahre später suchte er in Badenweiler im Schwarzwald Heilung; dort ist er am 15. Juli 1904 gestorben. Er wurde in Moskau beigesetzt. Seine Frau, die Schauspielerin Olga Knipper, berühmt als Mascha in *Drei Schwestern*, hat ihn lange überlebt; sie starb 1959 in Moskau.

Das erste Bühnenwerk Tschechows entstand 1881. Es wurde erst 1920 wiederaufgefunden und neuerdings unter dem Titel *Dieser Platonow* gespielt. Ein anderes Jugendwerk, *Iwanow*, wurde 1887 uraufgeführt. Dann schrieb Tschechow einige „Scherze", burleske Einakter mit köstlichem Humor: *Der Bär* (1888), *Der Heiratsantrag* (1889), *Die Hochzeit* (1889). *Die Möwe* (1896) war die erste seiner reifen dramatischen Dichtungen. Dieses von Schwermut verhangene Schauspiel fiel bei der Uraufführung in Petersburg durch, es wurde aber später zum Erfolgsstück von Stanislawskijs „Moskauer Künstlertheater", weil diese Bühne, die später alle Stücke Tschechows uraufführte, den Stil für das Symbolische des Werkes fand. – Neben *Onkel Wanja* (1897) und *Drei Schwestern* (1901) kommt der vom Lyrischen bis zur Groteske reichenden Komödie *Der Kirschgarten* (1904), dem letzten Werk des Dichters, besondere Bedeutung zu. De

Kirschgarten ist das Symbol todgeweihter Schönheit, auch das Symbol des Absterbens einer Epoche – mit Lächeln unter Tränen ein Abschied vom alten Rußland. Von Tschechows Bühnenwerken, die mit ihrer impressionistischen Menschen- und Milieuzeichnung, mit ihrer Symbolik und dem suggestiven Zauber ihrer meist schwermutsvollen Stimmung sich weit von der klassischen Dramentheorie entfernen, hat Gorki gesagt, sie seien nicht Handlung, sondern Musik

Die ersten, aus dem Bereich des Feuilletons kommenden Erzählungsbände Tschechows hießen: *Märchen der Melpomene* (1884), *Bunte Erzählungen* (1886) und *In der Dämmerung* (1887). Es folgte die Reihe seiner in der Charakterzeichnung der Menschen wie in der Landschafts- und Milieuschilderung künstlerisch überaus bedeutungsvollen Erzählungen, die man in der Weltliteratur mit gutem Recht neben die Werke von Tschechows Zeitgenossen Maupassant zu stellen pflegt. Von ihnen seien genannt: *Die Steppe* (1888; die Schilderung der Reise eines Knaben durch die Einsamkeit russischen Landes), *Eine langweilige Geschichte* (1889; in ihr spiegelt sich ein Kernthema Tschechows wider, nämlich das Fehlen einer wirklichen Lebensidee in seiner Zeit), *Das Duell* (1891), *Krankensaal Nr. 6* (1892), *Weiberregiment* (1894; mit der einprägsamen Schilderung einer russischen Weihnacht), *Mein Leben* (1896), *Die Bauern* (1897), *Ein Fall aus der Praxis* (1898), *Die Stachelbeeren* (1898), *Der Mensch im Futteral* (1898).

Thomas Mann hat in seinem *Versuch über Tschechow* (1954) die Bedeutung des Dichters gewürdigt.

A. H.

Russische Literatur – zweisprachig

IN RECLAMS UNIVERSAL-BIBLIOTHEK

Iwan Bunin, *Der Herr aus San Francisco.* 80 S. UB 9788

Daniil Charms, *Fälle.* 112 S. UB 9344

Nikolaj Gogol, *Der Mantel.* 120 S. UB 9489 – *Die Nase.* 101 S. UB 9628

Iwan Gontscharow, *Oblomows Traum.* 157 S. UB 2244

Nikolaj Karamsin, *Die arme Lisa.* 77 S. UB 7861

Michail Lermontow, *Gedichte.* 168 S. UB 3051

Nikolaj Leskow, *Die Lady Macbeth aus dem Landkreis Mzensk.* 144 S. UB 7619

Nieder mit der Mafia! Neue russische Kurzprosa. 199 S. UB 18082

Alexander Puschkin, *Gedichte.* 160 S. UB 3731 – *Das Märchen vom Zaren Saltan.* 79 S. UB 18126 – *Mozart und Salieri.* 41 S. UB 8094 – *Pique Dame.* 96 S. UB 1613 – *Der Postmeister.* 54 S. UB 7468 – *Der steinerne Gast.* 85 S. UB 428

Russische Liedermacher. Wyssozkij, Galitsch, Okudschawa. 207 S. UB 18056

Russische Lyrik. Von den Anfängen bis zur Gegenwart. 784 S. UB 7994

Russische Zaubermärchen. 206 S. UB 18263

Alexander Solschenizyn, *Matrjonas Hof.* 125 S. UB 7945

Leo Tolstoi, *Herr und Knecht.* 135 S. UB 8276

Anton Tschechow, *Die Dame mit dem Hündchen.* 64 S. UB 5290 – *Der schwarze Mönch.* 116 S. UB 5315 – *Der Tod des Beamten. Der Dicke und der Dünne. Der Mensch im Futteral.* 72 S. UB 5308

Iwan Turgenjew, *Erste Liebe.* 210 S. UB 1732

Philipp Reclam jun. Stuttgart